JN293766

キャリア・パスの壁を破る

―韓国の働く女性をめぐって―

森田 園子

まえがき

　韓国の働く女性はエネルギーに満ちている。それが，1990年代に初めて彼女たちに接した時の印象だった。今思えば，大学教員である筆者が接する女性たちはやはり大学教員が中心であったし，調査のために訪れた企業でインタビューに応じてくれた女性たちも，大企業で長く勤務し，厳しい環境の中で生き残った特別な女性たちであったのだから，それが一面的な見方であったことは否めない。

　その後，韓国の雇用と労働の状況を知れば知るほど，女性たちの多くは日本の女性たちと同じような「壁」にぶつかり，そこで戦っていることを理解するようになった。しかしなお，彼女たちのエネルギッシュな姿にはある種の感動を覚えるのである。そのエネルギーの源を解明することは簡単ではない。ここでできることは，韓国の働く女性たちの「今」を明らかにすること，そして「キャリアの壁」にいかに対処しているかを伝えることである。

　韓国といえば「儒教」と「財閥」で説明ができると考えられた時代が長かった。しかし，人の作った社会はそれほど簡単なものではない。組織構造の上で日本の組織と非常に似ているように見える韓国，男女雇用平等法が日本の均等法と同時期に導入された韓国，女性の年齢階級別労働力率曲線が日本と同じM字型を描く韓国。しかし一方で，韓国では組織トップの年齢が日本よりはるかに若いことや，「同一価値労働同一報酬」が既に成文化されていること，労働市場が流動的であることなど日本とは異なる面も多々ある。

　そして，女性労働といえば，欧米が比較対象とされる時代が長く続いたが，異なるものとの比較によって明らかとなることもあれば，似通った点も多い中での比較によって浮き彫りになってくることもある。本書のねらいのひとつはそこにある。第I部では，韓国の女性労働の現代的特質を日本との比較を行いつつ明らかにする。第1章では，韓国の女性労働の概況，そして通貨危機と世界同時不況という2つの経済危機を経て女性労働がどのような変化

を遂げたのかを確認する。特に第2節では，子育て期の働く女性がどのような状況にあるかを知るため，出産・育児期の就業を可能とする制度とその運用，ついでワーク・ライフ・バランス施策とダイバーシティ・マネジメントの浸透状況について確認する。

　第2章では，働く女性を論じる時にも欠くことのできない，韓国の高学歴化および非正規化に焦点をあてて論じる。第1節では高等教育の進展と労働市場・結婚市場との関係を，第2節では深化する非正規化に対処すべく制定された非正規職保護法の影響とその改正論議について整理をする。この第Ⅰ部は，第Ⅱ部で主として取り扱う韓国の秘書職がおかれた状況を語る前提となるものでもある。

　さて，本書のもうひとつのねらいは，女性による働き方の選択について論じることである。今日のような社会にあっては，我々の人生は職業と分かちがたく結びついており，どのような職業につくか，どのような働き方をするかが社会的・経済的地位を大きく規定する。しかし，人びとのつく職業には性による偏りがあり，それは性別職業分離と呼ばれる。性による労働市場の偏りは職業に限らず，就業パターン，企業規模，職務内容，将来展望などの各分野にわたり，それらを総称する場合は，性別職域（あるいはジェンダー）分離と呼ばれる。

　男性には男性向きの，女性には女性向きの職業があると考える人は多く（神田・女子教育問題研究会 2000，森田 2004），そのような人びとに性別職域分離の問題点が意識されることはないが，性別職域分離は「パワー，スキル，収入，機会の差異を必ず伴う」ものとして（ILO 2000: 145），男女格差の要因とされている（OECD 2002）。しかも，ジェンダー・ステレオタイプを再生産するという点において重要な意味を持つ。それにもかかわらず，現在もなお女性職域が選択され続けるのはなぜなのだろうか。

　働く女性が直面する不利な状況を解消するため，暫定的特別措置がとられたり，同一価値労働同一報酬を適用することによって，伝統的な女性職の報

酬引き上げの努力が払われたりしている。しかしなお女性職は存続し，性別役割規範に否定的とされる高学歴女性においても女性職が選択されている。人びとが固定的な価値観を共有していた時代とは異なり，今日のように価値観が変容しつつある時代において女性職はこれからも選択され続けるのだろうか。

そのような問題意識のもと，第Ⅱ部「女性職の選択」で主として取り扱うのは韓国の秘書職である。女性職の中でも秘書に焦点をあてるのは，次の理由による。女性職は，女性に対して，一方で高い職業達成を要求しながら，もう一方で女性・母親役割の遂行を奨励する二重の規範を提示すると考えるのであるが，秘書職はそのような二重規範の矛盾を，もっとも可視的な形で把握することができる職業のひとつだからである。

そして，秘書の中でも韓国の秘書職を取り上げるのは，韓国においては日本や欧米の国々とは異なって，国内トップ・レベルの女子大学のひとつである梨花女子大學校（大學校は日本の大学にあたる。以下，梨花女子大学）において秘書教育が行われており，そこでは秘書が，「働く女性の先進的モデル」のように位置づけられてきたことによる。韓国においては，提示するモデルの先進性が際立つだけに，もう一方の女性・母親役割との矛盾もまた鮮明に表れることが予想される。本書では，そこで教育を受けた女性たちが，そのような二重規範にいかに対応しているかを，後発の専門大学（日本の短期大学にあたる）秘書専攻課程修了者の事例と比較しつつ分析する。価値観が変化し，秘書職の持つ意味が変化する時代において，秘書職が持つ意味とその変化を把握し，秘書職の選択がどのように行われているかを検証する。

女性職に定まった定義は存在しない。しばしば用いられるのは，その職業に占める女性の比率であるが，これはどの国にも通用する定義とはなり得ない。それぞれの社会のバックグラウンドにより，労働市場，ひいては性別職域分離の状況も多様だからである。しかし，他の国々同様，韓国においても秘書には女性向きの職業であるとのイメージが付与されている。

秘書という職業は，経営陣の意思決定に参画する重要な職であるととらえ

られることもあれば，わざわざ選択するほどの職業ではないと考えられる場合もある。ここに欧米の秘書事情と，日本や韓国における秘書事情の複雑さがあいまって，日本の秘書研究にも混乱をもたらしてきた。そもそも，秘書は何らかの定義に基づく専門職ではない。本書では，Steedman (1997: 12) にならって，「職種名に秘書ということばを含むか，あるいは自らを秘書と表現する雇用労働者」を秘書として取り扱う。秘書教育のテキストや，秘書職にある人びとの団体などによる定義は，しばしば秘書の理想型を希求するものとなりがちであるため，ここではニュートラルなものとしてこの基準を用いる。

　一般的な秘書は，職業分類上事務職カテゴリーに属し，西欧諸国においては同カテゴリー内の最大グループを形成し，しかも女性比率が高いことで知られている。そのような国々における秘書の職務は，かつてはタイピングと速記による文書の作成と管理を主体としたものであったが，現在では情報全体ならびに対人関係を処理することにより，個人あるいはグループを補佐するものとされ，定型的な事務職より要求されるスキルの幅は広い。そして，従来，上司は男性，秘書は女性という組み合わせが多くを占めてきた。このような秘書の立場はジェンダーの視点からは大いに問題とされると同時に，秘書職はキャリア構造を持たないデッド・エンドあるいはゲットーとも位置づけられている。秘書というシステムそのものは，権限委譲によって，専門職・管理職従事者がより生産的な仕事に専念する時間を創出することを可能とする極めて合理的な分業システムである。同時に女性にとっては，ほぼ女性専用に確保された職域という肯定的な一面も持っている。1980年代以降，IT化によって秘書の役割に変化がもたらされるかと考えられたが，「秘書」というタイトルが好まれなくなったこと，ひとりの秘書がサポートする人数が増加したこと，かつては秘書となっていた女性がマネジャーを目指すようになったことなどを除いては，その後も大きな変化が起きることはなかった。

　ところが，日本や韓国では秘書の絶対数はさほど多くなく，大規模組織を中心に，「秘書課」「秘書室」のような秘書部門が形成され，その管理職には

男性がつくことが多く，一方，韓国では4年制大学において秘書が養成されているなど，同じ秘書という職業が，異なる文化のもとでは異なる形での展開を見せている。このような韓国の秘書を取り上げることにより，女性職研究に非欧米の視点を持ち込むことができ，同時に，共通点を持ちながら相違点を併せ持つ，日本の女性職とその選択行動を探る一助となると考えている。

第Ⅱ部第3章から第7章のメインの仮説は「女性職は，徐々に選択されなくなる」と設定した。そして，このメインの仮説を検証するために，事例研究を通して検証しようとした仮説は，次の3つである。
＜仮説1＞梨花女子大学秘書学科は，その学生に対して二重規範を提示している。
＜仮説2＞二重規範に対する個人の対応として，キャリア転換が行われる。
＜仮説3＞高学歴女性は，秘書職を選択しなくなりつつある。

ここでは，「教育」と「就業」の関連に留意するため，教育社会学と労働社会学という2つのアプローチを採用した。教育の発する二重規範を規定するに際しては，教育社会学における学校組織研究の手法を用い，二重規範への対応を分析するにあたっては，労働社会学の視点によった。

以下，第Ⅱ部第3章では韓国の高等教育における秘書教育とその問題点ならびに有効性を明らかにする。ついで第4章では韓国社会における秘書の位置づけと女性秘書に対する認識について，第5章では秘書が持つ女性職としての特質について論じ，第6章では梨花女子大学秘書学科に見る二重規範を規定する。第7章では秘書職をめぐる選択行動の事例を分析する。

第8章では，非正規雇用を選択する韓国の女性たち，そして一般職を選択する日本の女性たち，また就業パターンの選択において，定年までの継続就業型ではなく，結婚・出産で退職する短期型あるいは子育て期間は職を離れる中断型を選択する女性たちが，どのような状況のもと，どのような意識でそれを選択したかについて検討し，最後に女性職域を選択することの持つ意味について考察を行う。

「キャリア・パスの壁を破る」ために，「私はどうすればよいのか」という

問いへの直接の答えにはならずとも，「選択の幅を広げる」ことの意味と重要性を伝えることができれば幸いである。

韓国語の翻訳と表記については以下の基準に従う。

1．韓国語の「大學校」は，日本の「大学」にあたる。これは「大学」と訳出する。「大學」は「学部」にあたるが，韓国の場合は大學校のもとに「大學」ついで「學部」を設けることも多い。第Ⅱ部で取り扱う梨花女子大学の場合，2010年現在は経営大学のもとに経営学部経営学専攻そして国際事務学専攻が設置されている。国際事務学専攻は経営大学国際事務学専攻である。
2．日本の短期大学にあたる「専門大學」は，「専門大学」と訳出する。1998年呼称自由化が認められ，専門大学は○○大學と称することができるようになっている。
3．梨花女子大学秘書学科は，2006年には国際事務学科と名称変更した。この学科を含む経営大学の沿革は以下のとおりである（経営大学 2010年12月10日）。

  1963年　法政大学に商科新設
  1964年　商経学科に名称変更
  1968年　経営学科に名称変更
  1968年　秘書学科の創設
  1971年　修士課程に経営学科を新設
  1980年　博士課程に経営学科を新設
  1996年　商経大学に名称変更
  1996年　修士課程に秘書学科の新設
  1999年　経営大学に名称変更
  2000年　経営大学院の新設
  2006年　経営専門大学院の新設

2006年　秘書学科は，国際事務学科に専攻名変更
　ウェブサイト等には，2010年現在でも「学科」と「専攻」が混在して使用されている。「専攻」は「〜を専門に学ぶ」という意味合いで使われていることも多く，訳出する際にはもとの漢字語に従う。
4．政府機関の「部」は日本語の「省」にあたる。「部」はその章の初出のみ「部（省）」とし，それ以外は，「部」とする
5．韓国人名の表記は以下のとおりとする。
(1) フルネーム表記とする。ただし，同じ章の中で，混乱の恐れがない場合には，初出のみフルネーム表記とする。
(2) 漢字名が判明している場合には，原則としてそれを使用する。
(3) 漢字を用いない名前，あるいは漢字名が不明な場合は，カタカナ表記とする。その場合は一般的な発音表記に従う。共著者の一方の漢字名が不明の場合は両者ともカタカナ表記とする。
(4) 英語文献などで，アルファベット表記のみ判明している場合はそれを用いる。

　なお，引用ウェブサイトは引用ごとに記すべきであるが，煩雑さを避けるため，参考文献の末尾にまとめて記載することとし，本文中の引用箇所には，(朝鮮日報 2005年7月19日) のように示した。年月日は，新聞の場合は掲載日，その他はアクセスした日付である。
　従来，統計資料は冊子体で公表されていたが，近年ではウェブ上で公開されるようになっている。そのため，同じ機関が公表したものであっても，古いデータは冊子体に，新しいデータはウェブ上のデータベースによる場合があり，後者の場合は出所をデータベース名とする。統計庁「国家統計ポータル」はKOSIS，韓国女性開発院（2007年より韓国女性政策研究院）「ジェンダー統計」はGSISと略記し，煩雑さを避けるため，本文中ではアクセス日を省略することがある。

目　　次

まえがき　i

第Ⅰ部　働く女性たちの今

第1章　韓国の働く女性たち……………………………………3
　1．現代韓国の働く女性たち　3
　　(1) 女性の労働市場への参加パターン　3
　　(2) 通貨危機の帰結と世界同時不況後の動向　5
　2．子育て期の働く女性　11
　　(1) 女性の就業を支援する制度　11
　　(2) 韓国におけるワーク・ライフ・バランスとダイバーシティ・マネジメント　15

第2章　高学歴化そして非正規化……………………………19
　1．女性の高学歴化と労働市場　19
　　(1) 女子高等教育の拡大　19
　　(2) 高学歴女性にとっての学歴　20
　　(3) 「賢母良妻」イデオロギー　23
　　(4) 高等教育内部の分化と男女格差　24
　　(5) 大卒労働力の需給バランス　26
　2．非正規化の進展と非正規職保護法　27
　　(1) 非正規職の労働条件　27
　　(2) 非正規職保護法の導入　28
　　(3) 非正規職保護法のもたらしたもの　29
　　(4) 非正規職保護法の改正論議　31

第Ⅱ部　女性職の選択

第3章　韓国における秘書教育……………………………37
　1．秘書教育の広がり　37
　　(1) 4年制大学における秘書教育―梨花女子大学秘書学科という存在―　37

(2) 専門大学における秘書教育―専門大学の参入とその後― 45
　　(3) 秘書職の「専門化」 50
　2. 専門大学秘書教育の有効性　55
　　(1) 入職時の有効性　56
　　(2) 業務遂行上の有効性　59
　3. 検定試験と職業資格　61

第4章　韓国における秘書の位置づけ　67
　1.「韓国的経営システム」　67
　2. 企業秘書の実相　70
　　(1) 企業秘書の配置状況　72
　　(2) 企業秘書の業務内容とその分担　75
　　(3) 秘書部門の業務と運営　84
　　(4) 秘書部門の機能　87
　3. 秘書に対する認識　90
　　(1) 秘書の配置の必要性と専門性の認識　91
　　(2) 秘書の採用基準　93
　　(3) 外資系企業と国内企業の比較　94
　4. 女性秘書の位置づけ　95

第5章　女性職としての秘書　101
　1. 女性職の定義と問題点　101
　　(1) 性別職域分離　102
　　(2) 何をもって女性職とするか　103
　　(3) 女性職の何が問題か　106
　2. 女性職としての秘書―OECD諸国の調査結果から―　107
　3. 女性職としての秘書―韓国の秘書の場合―　112
　　(1) 男性秘書と女性秘書　113
　　(2) オフィスにおけるルーティン・ワークの担い手　114
　　(3) 韓国女性秘書の賃金，ステイタス，将来展望　118
　4. 女性・母親役割への期待　125

第6章　梨花女子大学秘書学科にみる二重規範　135
　1. 学校チャーターと文脈変数　135
　2. ジェンダー・トラックによる分化　137

3．梨花女子大学のチャーター／文脈変数　140
　4．秘書学科にみる二重規範　146
　　(1)　秘書学科のチャーター　146
　　(2)　二重規範を規定する　149

第7章　秘書職をめぐる選択行動 ……………………………153
　1．専攻分野の選択と就業選択　153
　　(1)　専攻分野の選択　154
　　(2)　就業選択　157
　2．秘書からのキャリア・パス　161
　　(1)　就業継続　162
　　(2)　昇進経路　164
　　(3)　キャリア転換のチャネル　165
　3．韓国における秘書職　169
　　(1)　秘書職内部の階層性　169
　　(2)　秘書職の持つ意味とその変化　171
　4．秘書にみる女性職の選択　175
　　(1)　韓国における秘書職の選択　175
　　(2)　女性職の選択　176

第8章　女性職域の選択 ……………………………………179
　1．非正規職の選択—韓国—　179
　　(1)　非正規職の自発的・非自発的選択　179
　　(2)　非正規職女性の就業意識　182
　2．日本のケース　184
　　(1)　一般職女性の就業意識　184
　　(2)　一般職選択の理由　185
　　(3)　女子学生の希望するライフコース　187
　3．女性職域選択の持つ意味　190

終　章　まとめと残された課題 ……………………………193

あとがき　199
参考文献　205
索　　引　217

第Ⅰ部

働く女性たちの今

第1章
韓国の働く女性たち

　まずは，韓国の働く女性たちの状況と，通貨危機および世界同時不況を経て，それがどのような変容を遂げたかを確認し，韓国女性労働の現代的特徴を明らかにしておこう。

1.　現代韓国の働く女性たち

(1) 女性の労働市場への参加パターン

　韓国の女性労働全般について見ると，女性経済活動参加人口[1]は1960年には216万人程度であったのが，その後ほぼ一貫して増加し，2006年にはついに1000万人を突破した（韓国女性開発院 2004，統計庁「国家統計ポータル」[以下，KOSIS]）。その間，経済活動参加率も上昇してきたが，2007年の50.2%をピークに2009年には49.2%に下落している。雇用率も45.4%と前年比1.0ポイントの下落である。いずれも男性に比べて下落幅は大きい。日本の女性労働力率はどの程度かというと，バブル崩壊前の1991-92年が50.7%，2002年以降は48%台を推移し，2009年は48.5%，雇用率は40.5%である（厚生労働省 2010a）。この労働力率がどの程度のものであるかは，国によって算出方法が異なるため比較は簡単ではないが，その他ヨーロッパ諸国とは大きな差があるわけではないものの，60から70%台の北欧諸国および米国，オーストラリアなどには遠く及ばない。

---

[1] 韓国では経済活動参加人口を用いる。日本では労働力人口。

表1-1　高学歴・少子化と女性労働市場

	韓国	日本
女性経済活動参加率	49.2% (2009)[1]	48.5% (2009)[4]
女性雇用率	45.4% (2009)[1]	40.5% (2008)[4]
管理的職業従事者	9.6% (2008)[2]	8.8% (2008)[4]
男女賃金格差	63.3 (2008)[3]	67.8 (2008)[4]
大学等進学率（女性）	82.4% (2009)[3]	55.3% (2009)[5]
大学等進学率（男性）	81.6% (2009)[3]	57.2% (2009)[5]
合計特殊出生率	1.15 (2009)[3]	1.37 (2008)[6]

出所：1　雇用労働部 2010　　2　KOSIS より算出
　　　3　GSIS　4　厚生労働省 2010a
　　　5　文部科学省 2010
　　　6　厚生労働省 2010b　いずれも 2010 年 4 月 20 日

表1-1は主要な数値をまとめたものである。韓国の労働市場における男女格差は先進国の中では日本と並んで大きく，「立法議員，上級行政職および管理的職業従事者[2]」の女性比率は2008年で9.6％(KOSISより算出)，男女賃金格差はOECD加盟国最大で2008年63.3と際立っている（韓国女性政策研究院「ジェンダー統計」［以下，GSIS］）。ここでは，韓国の女性労働を特徴づけるものとして，高学歴化の進展と年齢階級別経済活動参加率そして出生率の著しい低下に注目する。

詳しくは，第2章で取り扱うことになるが，韓国の大学進学率は世界最高といわれている。しかし，進学率の上昇は必ずしも，女性の経済活動参加率の上昇に結びついているわけではない。

年齢階級別経済活動参加率は日本同様M字型を描いている。90年代半ばまでM字型のボトムであった25-29歳の労働力率は，80年代半ば以降上方へシフトし，さらに90年代後半には30-34歳層へと移行したが，この年齢層でも97年以降労働力率は50％を超えるようにはなっている（韓国女性開発院 各年，GSIS）（図1-1）。

日本同様，晩婚化も進行しており，女性の平均初婚年齢は72年の22.6歳から2009年には28.3歳となっている（モーニング・コリア 2005年6月22日，GSIS 2010年4月23日）。同時に，少子化が顕著な進展を見せている。2005年

2　日本では管理的職業従事者。

(%)

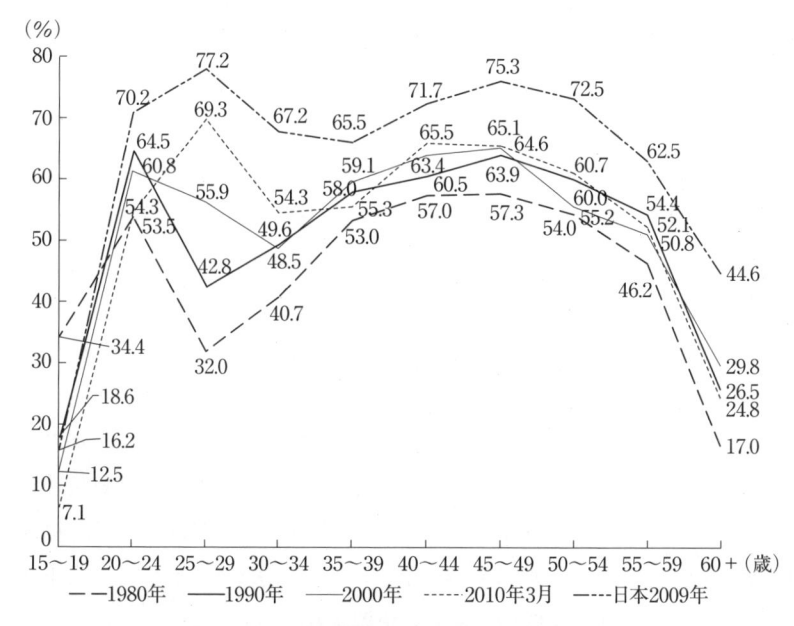

図1-1　年齢階級別経済活動参加率（女性）
出所：GSIS，総務省 2010 より作成

の出生率は1.08，2006年は結婚に吉兆とされる「双春年」（立春が1年に2回ある年）であったためか若干回復し，1.12，2007年は，この年に生まれた赤ん坊は財物に恵まれるとされる「黄金のいのしし年」であったため，1.25であったが，2008年再び1.19に低下（中央日報 2009年2月26日），2009年には1.15となっている。少子化の原因は複合的ではあるが，高学歴化した韓国の女性が子どもを産んで育てながら就労するという状況にないことは確かである。

(2) 通貨危機の帰結と世界同時不況後の動向

1) 通貨危機の帰結

1997年12月の通貨危機によって，多くの企業が倒産や休・廃業に追い込まれた。金泳三政権を引き継いだ金大中政権は，IMFからの救済金融を受

ける条件として，①金融機関の整理，統廃合，②財閥改革，③公企業の民営化，④労使関係の改善，⑤整理解雇制度導入などの改革を行うこととなった。その結果合法的に大規模な整理解雇が実施され，失業率が1996年の2.0%から1997年には2.6%，1998年には7.0%に急増するなど韓国の労働市場は大きな変化を遂げた（韓国労働研究院 2008）。同時期に労働者派遣法が成立し（1998年），労働の柔軟化を促進することとなった。

a）非正規化の進展

一定の定義に基づいた非正規職[3]に関するデータは，2001年の「経済活動人口付加調査」以降であるため，それ以前については，常用（1年を超える雇用契約。パートも含む）・臨時（1ヶ月～1年の契約）・日雇い（1ヶ月未満の契約）の区分で公表されているデータのうち，臨時・日雇いの合計を非正規職として，比率を算出する方法をとるのが通例である。2001年以降は，①期間制雇用者（契約社員にあたる），②時間制雇用者（パートタイム雇用にあたる），③非典型雇用者の合計から重複を除いたものと定義されている。

図1-2は，従来からの分類と2001年以降の新分類をひとつのグラフとしたものである。女性の場合には，通貨危機以前から非正規職の比率が高かったのであるが，金融業などでは女性事務員を全員解雇して契約職で再雇用することなどが行われたため，多くの女性正規職が非正規職に置き換えられ，女性の非正規比率は7割近く（従来からの分類）にまで増加した。新分類でも初年度の2001年には42.7%，2004年以降は常に40%を超えている[4]。張芝延（2006）は，非正規化の進展は必ずしも一貫した流れではないとしながらも，非正規化の程度が非常に深刻な水準であり，国家福祉とセーフティネッ

---

3 韓国語の表記はハングルを主とするが，その中には多くの漢字語が含まれる。漢字の使い方には日本語と共通のものと異なるものがあるが，翻訳する場合には韓国語における表記をそのまま用いることが多い。たとえば，韓国語の「勤労」は日本語の「労働」，韓国語の「非正規職」は日本語の「非正規雇用労働者」にあたる。以下，本書においても韓国で使われている「正規職」「非正規職」の用語を用いる。

4 なお，同じデータを用いながら政府側と労働組合側が異なった解釈をするため，非正規比率を取り扱うには注意が必要である。雇用統計の詳細については，高安（2007），脇田（2009）を参照されたい。

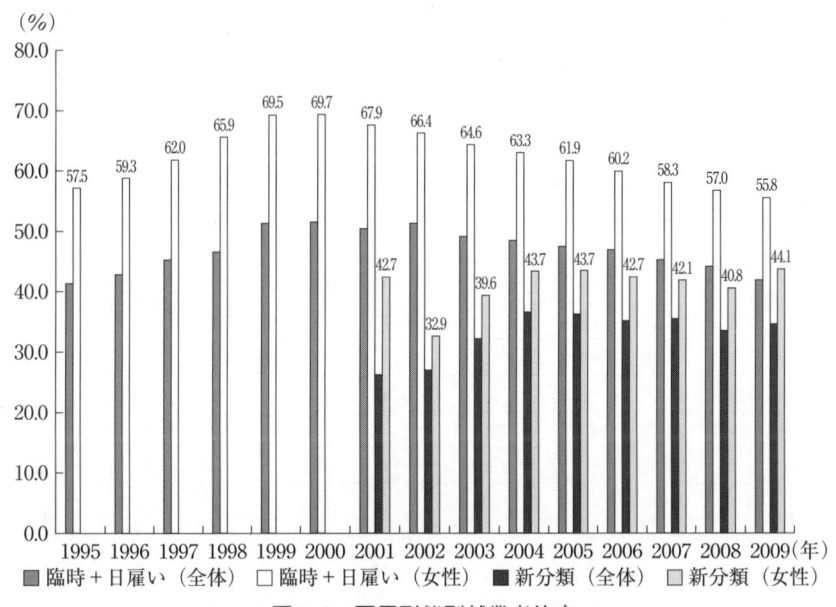

図1-2 雇用形態別就業者比率

出所：KOSIS 各年，韓国労働研究院 2010 より作成
2001年のデータ（新分類）は雇用労働部への聞き取りによる

トが不備な状態において，非正規化は女性を中心に「深化」してきたと指摘している。

b）女性の経済力への期待

通貨危機以後の韓国社会の変化による現象として特筆すべきは，女性の経済活動に対する期待の変化である。通貨危機後に合法的なリストラが行われるようになり，男性の側にも妻の経済的役割への期待が見られるようになったのである。女性の雇用に対する意識調査（2006年）では，男性のうち「家事のみ」をよしとする比率は10.9%，「家事に関係なく」就業することをよしとする比率は，35.4%である（表1-2）。

「夫は外で働き，妻は家庭を守るべきである」という固定的性別役割分担意識の国際比較によると，韓国における「賛成」，「どちらかといえば賛成」の比率は，他の国々に似通っているが，日本だけが異なる様相を呈している

表1-2　女性の経済力への期待（％）

		家事のみ	仕事を持った方がよい	結婚まで	第1子出産まで	子育て後	結婚前と子どもが大きくなってから	家事に関係なく	わからない
女性	1988	17.5	−	26.3	−	23.9	24.6	16.7	−
	1991	17.0	−	17.8	−	23.9	24.6	16.7	−
	1995	12.1	−	11.3	−	16.1	35.8	24.7	−
	1998	8.5	89.0	10.3	6.7	14.0	27.6	30.4	2.6
	2002	6.0	89.8	4.4	5.5	13.4	26.2	40.2	4.2
	2006	6.7	89.0	3.7	5.4	10.6	24.2	45.2	4.3
男性	1988	25.4	−	28.7	−	19.3	18.2	8.4	−
	1991	25.7	−	22.9	−	20.9	20.2	10.3	−
	1995	19.6	−	15.1	−	16.1	32.3	16.8	−
	1998	11.6	84.7	13.1	8.4	15.0	25.2	23.1	3.7
	2002	10.3	83.3	6.1	8.1	14.3	24.6	30.2	6.3
	2006	10.9	81.8	4.8	7.2	11.7	22.6	35.4	7.4

出所：GSIS 各年より作成

のがわかる（図1-3）。

　若い世代では特に共働きが当然視され，2004-05年に行った聞き取り調査でも，若い男性は結婚相手として仕事をしている女性を求めるようになっているとのことであった。韓流ドラマの主人公たちも働く女性である。

　人気のある職業は中学の教員という話も聞かれた。ある程度のステイタスを伴う職業であって，しかも長期の休暇があるため，家庭との両立が比較的容易と見られるからである。大学卒業後就職ができなかった場合は，いわゆる「家庭教師」として，家庭学習用教材会社から派遣される仕事を選ぶ女性がよく見られ，それは男性の側が，教職につく女性を選好するからだという。息子の妻が仕事をすることについて，親世代がどのような意見を持っているかを尋ねたところ，「両親も奨励してくれている」，あるいは「子どもの面倒を見て食事の支度もしてくれる」といったケースが多く見られ，親世代の意

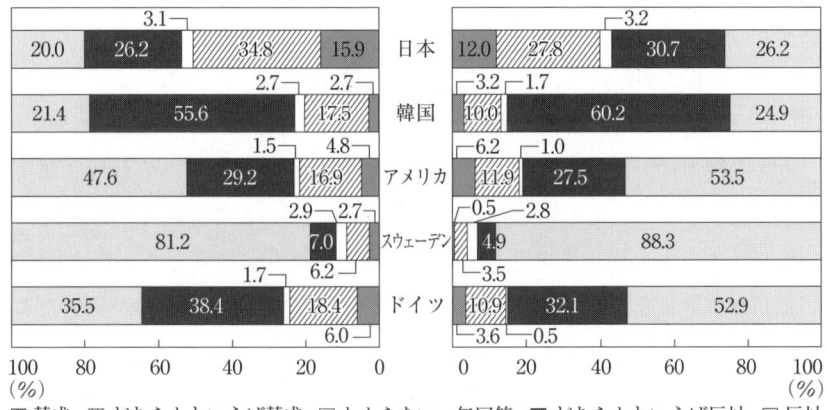

男性						女性			
		3.1			日本		3.2		
20.0	26.2		34.8	15.9		12.0	27.8	30.7	26.2
		2.7	2.7		韓国	3.2	1.7		
21.4	55.6		17.5			10.0	60.2		24.9
		1.5	4.8		アメリカ	6.2	1.0		
47.6	29.2		16.9			11.9	27.5		53.5
		2.9	2.7		スウェーデン	0.5	2.8		
81.2		7.0				4.9		88.3	
	1.7	6.2			ドイツ	3.5			
35.5	38.4		18.4			10.9	32.1		52.9
			6.0			3.6	0.5		

■ 賛成　▨ どちらかといえば賛成　□ わからない・無回答　■ どちらかといえば反対　□ 反対

図1-3　固定的性別役割分担意識＜国際比較＞
（夫は外で働き，妻は家庭を守るべきである）

備考：日本のデータは内閣府「男女共同参画社会に関する世論調査」（平成19年8月調査），その他のデータは「男女共同参画社会に関する国際比較調査」（平成15年6月）より作成
出所：内閣府男女共同参画局 2009より作成

識にも変化が生じている様子が窺える。「家族の総力戦」などという表現も聞かれるほどである。

　サムスン生命の調査（2004年，20～30歳代の会社員男性218名，女性107名対象）によると，「理想の妻像」として，仕事と家事を両立する「スーパーウーマンタイプ」をあげた回答者は59.1%（192人）ともっとも多かったという。「スーパーウーマンタイプ」を望む比率は，女性の場合70.1%に達し，男性の53.6%を大きく上回った。夫と婚家に尽くす「賢母良妻[5]」を理想にあげた回答者は全体では17.8%であったが，1位の「スーパーウーマンタイプ」との差は大きく開いた。また，男性の支持率の23%に対して，女性は7%と男女間に大きな意識の差が見られた（朝鮮日報 2004年2月23日）。問題

---

[5] 日本では「良妻賢母」という表現が使われるが，韓国では「賢母良妻」が使われる（第2章参照）。

は，仕事と家事の「両立」を求められることである。経済力を獲得しつつ，子どもの教育を始めとする家庭内のすべてのことに責任を持つ，スーパーウーマンとしての母親の役割は肥大化せざるを得ない。

2）世界同時不況後の女性の雇用動向

通貨危機の後，韓国経済は一旦V字型の回復を見せたが，それは「雇用なき成長」と呼ばれるものであり，そこへ2008年の世界同時不況がもたらしたのは失業率の増加と非正規化のさらなる「深化」であった（張 2006）。ベストセラーとなった『88万ウォン世代』（禹哲熏・朴権一 2009）が描いたように，特に若年世代の失業・非正規化は深刻であり，若年かつ女性であれば状況はさらに深刻さを増す。20歳代の女性は仕事を続けるために結婚を遅らせる傾向にあるという（Lee Hyo-sik 2009）。また，30歳代の既婚女性も就業に意欲的となっており，これは不況のために男性が職を失うことによると考えられている（Oh Young-jin 2009）。

3）新自由主義的改革と女性労働

金大中政権に始まった新自由主義的政策によって，労働市場の柔軟化が進展し，その結果労働市場の二極化が深化したと見るのが一般的であろう。しかし，金大中政権の経済改革は資本市場開放，規制緩和と公企業の民営化，労働市場柔軟化といった新自由主義的側面の他に，旧自由主義的側面，社会民主主義的側面など複合的性格を持ったものだという（金基元 2007）。しかし，改革過程が市場の過剰による副作用と混乱をもたらしたこともまた認めなければならない（柳鐘一 2007）。構造調整は，労働力削減に偏った形で進められ，これは雇用構造悪化と雇用不安をもたらし，両極化が深化する重要な要因になった。

また，梁在振（2006）は韓国における新自由主義的改革と労働市場について論じる中で，金大中政府の選択の結果として現れた労働市場改革と福祉改革の不整合性に注目し，金大中政府により大幅に拡張した社会福祉制度が，労働市場の柔軟化政策の犠牲者を社会的保護から排除していることを問題視している。労働市場の柔軟化によって韓国労働市場の過半数を占めるように

なった非正規労働者は，労働市場で低い賃金と雇用不安にさらされているにもかかわらず，社会保険という社会的セーフティネットに頼ることができない状況におかれているのである。しかも，そのような状況は女性労働者により苛酷に現れていることを見逃すことはできないのである。

2．子育て期の働く女性

(1) 女性の就業を支援する制度

　上で述べたように，以前に比べれば出産・育児期の就業率は上昇している。2004年から05年にかけて行った若年女性労働者の聞き取り調査（女性事務職聞き取り(1)および(2)）においても，「できるだけ長く勤めたい」「最近の若い女性は仕事を辞めようとは思っていない」との声が多く聞かれた。どのくらいの期間勤めたいかとの問いに対しては，出産休暇をとることが可能な職場に勤務する限りは出産後も勤務することを希望するケースが多く見られた。しかし，Ｍ字型のくぼみは依然として存在する。少子化も進展する一方である。この節では，既婚女性の就業状況を規定する要因のひとつとして，出産・育児期の就業を可能とする制度とその運用について確認する。この項では，産休・育休の制度，保育政策そして雇用平等と家庭仕事両立支援の法律を取り上げ，次項ではワーク・ライフ・バランス施策とダイバーシティ・マネジメントを取り扱う。

1）産休・育休の制度

　産前産後の休暇および育児休職（韓国では育児休業ではなく休職という）の取得は，この10年で急増している（表1-3）。産前産後の休暇は，2001年改正勤労基準法により従来の60日から90日に拡大された。休暇中の手当の60日分は事業主から，拡大された30日分は一般財政と雇用保険から支給されている。勤労基準法は2008年にも改正され，産休後職場復帰した場合，休暇前と同一の業務や賃金の職務に復帰することが保障されるようになった（聯合ニュース 2008年3月28日）。

表1-3　産休・育休取得状況（人）

年		2001	2002	2003	2004	2005	2006	2007	2008	2009
産前産後休暇者数		2	22,711	32,133	38,541	41,104	48,972	58,368	68,526	70,560
育児休職者	女性	23	3,685	6,712	9,123	10,492	13,440	20,875	28,790	34,898
	男性	2	78	104	181	208	230	310	355	502

注：1　産前産後休暇者数は産前休暇給与受給者として2001年11月から支給された者の数
　　2　育児休職者の数は育児休職給与の受給者を意味
出所：e-ナラ指標 2010年8月27日より作成

　しかし，大統領直属機関である「低出産高齢社会委員会」の調査によると，法律が定める90日間の休暇を実施したケースは全体の58.2％にとどまった。調査対象者は2005年3月から2006年2月までに出産した大都市にある事業所に勤務する女性労働者568人と企業212社である。90日間の休暇をとった割合は正社員が60.6％，従業員数100人以上の事業所従業員が75.5％であったのに対し，非正社員は36.5％，従業員数100人未満の事業所従業員では25.9％であった。既に退職した人は324人にのぼり，このうち産休をとらずに退職した人の43.0％，一部だけとった上で退職した人の52.0％が「会社側の圧力による自発的でない退職」であったという（聯合ニュース 2007年1月16日）。

　育児休職の制度は2001年に導入された。2010年には，労働者が育児休職を申請できる子どもの年齢が生後3歳未満から満6歳に拡大され（中央日報 2010年2月7日），2011年からは満8歳以下とさらに対象が広げられる。育児休職の取得は12ヶ月まで可能である。2001年までは無給であったが，2004年から雇用保険から手当が支給されるようになった。その額は，当初月額40万ウォンであったが，2007年には50万ウォンとなり，2011年には前賃金の40％（最高100万ウォン）に増額される（ソウル新聞 2010年9月8日）。

　育児休職の代わりに出退勤の時間を調整する短縮勤務を選択する場合，事業主はこれを拒否することはできず，政府は賃金の減額分の一部を支援する方針である（国民日報クッキーニュース 2010年9月8日）。

ただ,「第1子出産前後6ヶ月以内における勤務状態変更の有無」(韓国保健社会研究院 2006: 336) によると, 勤務に変更がなかったのは33.5％, 時間を減らしたのは5.6％, 中断が49.4％, 育児休職の取得は9.0％に過ぎない。表1-4は, 2009年に発表された第2回目の調査結果である。第1子(長男〔長女〕)の出産で47.7％が仕事を中断し, 育児休職は第1子では8.3％, 勤務時間の短縮は第1子では9.3％に過ぎない。3つの政策について, 認知率や経験率, 満足度を示したのが表1-5である。認知率も半数を超えないが, 経験率は非常に低い水準である。

　2010年韓国女性政策研究院が発表した「女性家族パネル調査2次基礎分析報告書」によっても, 既婚女性は未婚女性に比べ, 働き口を維持するのが困難であるという。2007年に行った1次調査時に賃金労働者であった女性たちを1年後に再調査したところ, 既婚女性1251人のうち27.7％が仕事を辞めていたが, 未婚女性391人のうち仕事を辞めていたのは20.7％であっ

表1-4　出産後勤務形態 (％)

区分	普段通り働く	勤務時間の短縮	中断	育児休職	新しく就業	計 (人)
長男 (長女)	34.5	9.3	47.7	8.3	0.2	100 (1,167)
二男 (次女)	45.2	16.5	24.5	11.8	2.1	100 (366)
三男 (三女)	36.6	29.7	15.5	16.5	1.7	100 (49)

出所:e-ナラ指標 2010年8月27日

表1-5　既婚女性(20～44歳)の政策認知率, 経験率, 満足度:子ども一人以上(％)

	認知率	経験率	満足度				満足度[1]	平均点数[2]
			とても満足	満足	不満足	とても不満足		
産前産後休暇給与支援	45.4	5.0	29.3	41.8	15.2	13.7	71.1	2.9
育児休職活性化	43.8	4.4	32.4	36.9	19.2	11.5	69.3	2.9
育児期勤務時間の短縮	29.7	2.4	17.7	30.5	25.2	26.7	48.2	2.4

注:1　「満足度」は「とても満足」と「満足」の合計。
　　2　平均点数は, 低出産政策の21項目に対する満足度を4点満点で測定したもの
出所:e-ナラ指標 2010年8月27日

た。既婚女性の退職が多い要因としては，同研究院のイ・テクミョン研究員も，キム・インスク韓国女性民友会代表も「企業内の既婚女性に対する退職圧力」と説明している（ハンギョレ新聞 2010 年 1 月 28 日）。

　男性の育児休職の取得は日本同様微々たるものであるが，「パパクォータ制」の導入が再び論議されている（文化日報 2010 年 3 月 5 日）。いずれも出生率の低下に歯止めをかけようとする側面が強い。

　しかし，企業の側は従来，結婚・出産・育児のために女性が業務を継続できないことを大きな障害と考えてきた。大韓商工会議所がソウルにある企業500 社を対象に調査し，2005 年 2 月に発表した「女性人力に対する企業認識の実態」という報告書によれば，女性人材の管理における最大の障害として，46.6％が「結婚・出産・育児関連の業務断絶による生産性低下」をあげ，これがもっとも大きな比重を占める。女性人材活用を増やす効果的な政策支援事項としては「保育・放課後施設の大幅な拡充」(34.9%) と「母性保護費用」の「社会保険負担」(28.2%) などがあげられた（朝鮮日報 2005 年 2 月 2 日）。

　このような企業側の懸念に対して，政府は 2 年間暫定的に実施されていた産後雇用促進のための助成期間を 2012 年まで延長すると発表した。同時に基準も緩和した。さらに企業内保育施設を共同で設立した場合，助成金が増額される（労働政策研究・研修機構 2010）。

2）保育政策

　保育政策自体は急速に発展している。保育所のカバー率は 1990 年には 3.0％に過ぎなかったが，2000 年には 40.8％，2008 年には 89.0％にものぼっている（表1-6）。従来，親族や近隣の家庭保育を頼る場合も多く，子どもの保育を誰に任せたいかという問いに対しては，夫または自分の両親があげられることが多かった。前述したように親世代もまた既婚女性が働くことを奨励するようになっており，むしろ積極的に子どもの世話を引き受けるようになっていたが，2009 年の保育予算は 2004 年の 4 倍にもなり，保育料支援の拡大，保育施設等の拡充が進んでいる。

表1-6 働く母親の子ども（0～5歳以下）の保育施設カバー率（人，％）

	児童数	働く母親（25～34歳）の児童数	保育施設数	保育可能人数	カバー率
1990	3,870,483	1,598,509	1,919	48,000	3.0
1995	4,192,911	1,677,164	9,085	293,747	17.5
2000	3,969,179	1,682,932	19,276	686,000	40.8
2005	3,166,691	1,390,179	28,367	989,390	71.2
2006	2,980,232	1,326,203	29,233	1,040,361	78.4
2007	2,832,282	1,302,850	30,856	1,099,933	84.4
2008	2,744,597	1,276,238	33,499	1,135,502	89.0

出所：Joo Jaeseon 2010：14より作成

3）男女雇用平等及び仕事・家庭両立支援に関する法律

1987年に制定された男女雇用平等法は，2007年に男女雇用平等及び仕事・家庭両立支援に関する法律と改称した。第2条では「差別」とは何かについて定義を行っており，間接差別については1999年に男女雇用平等法に盛り込まれ，同一価値労働同一報酬についても明文化されており，この点でも日本よりはるかに進んでいる。日本では，2007年の均等法改正にあたってようやく間接差別の禁止が明文化されたが，限定列挙という点で不十分なものであり，同一価値労働同一報酬についてはILO条約適用専門家委員会（2008年）からも，国連女子差別撤廃委員会最終見解（2009年）においても立法化を指摘され勧告されているのに比べると，制度的には先進的である。しかし，実効性の伴っていないことが大きな問題といわねばならない。

(2) 韓国におけるワーク・ライフ・バランスとダイバーシティ・マネジメント

近年拡大されてきたワーク・ライフ・バランス（以下，WLB)[6]という施策

---

6 「職業生活・家庭生活・社会生活・自分生活」という「四つの生活の並立・充実（4Lの充実）」のことであり，それは「すべての生活舞台での男女共同参画・男女協働」および「職業生活時間・労働時間の短縮化」とは，三位一体の不可分の関係にある（渡辺 2009）。

とダイバーシティ・マネジメント (以下, DM)[7]という経営手法は, WLB の保障と多様な人材のマネジメントを経営労務上の有効な戦略ととらえるところに特徴がある。社会的責任の遂行を前提としつつも, WLB/DM を競争力の源泉ととらえるのである。それでは, 韓国において WLB/DM はどのような展開を見せているのであろうか。ここでは韓国における WLB/DM の進捗状況について確認をするが, 本項はジェンダーに焦点をあてたものとなることをお断りしておく。

チョン・ヨングムは『ワーク／ファミリー・バランス関連の法と政策の比較考察』(2009) において, ①韓国におけるワーク／ファミリー・バランス政策は産休と育休に限られていること, ②法は多様で適切であるが, 実効性に乏しく恩恵を受ける人は限られていること, ③すべての家族が恩恵を受ける広範囲にわたる政策が必要であることを確認している。

表 1-7 は, 産休・育休の施行率と利用経験率を示している。企業規模, 組合の有無等によって率が異なっており, 形は整っているものの, 大企業を除いては実効性があまり高くないと解釈することができる。

2004 年に行われた日韓企業の比較調査結果 (馬越 2009) によると, 日本と韓国は DM において欧米および一部のアジア諸国の後塵を拝しているという。さらに調査時点においては, 日本企業の方が, 韓国企業に比べて, DM の活用が多く行われていたとのことである。また 2008 年, 303 の企業を対象として行われた「労働力の多様性現況および多様性の管理実態調査」(イム・ヘジョン他 2008) は, 国内企業の多様性管理の実態を①多様性親和型人事管理, ②家族親和経営, そして③多様性文化施策に分類して分析を行っている。表 1-8 はその一部であるが, 公式に文書化されているかについては半数以上が「はい」と回答しているものの, 役職者の女性比率を見ると, これも実効性に乏しいと見なくてはならない (表 1-9)。

---

[7] ジェンダー, 国籍, 年齢などの多様な属性や価値観を活用して, ビジネス環境の変化に迅速かつ柔軟に対応し, 企業の競争力を強化しようとする, 新しいマネジメント・アプローチ (馬越 2009)。

表1-7 職場特性別産休・育休制度の施行率と利用経験率（％）

区分	産休		育休	
	施行率	利用経験率	施行率	利用経験率
全体	92.9	72.7	73.5	12.2
大企業	84.6	62.9	66.2	13.3
中小企業	80.0	10.3	41.9	－
労働組合有	97.8	90.1	82.6	17.9
労働組合無	87.0	49.4	65.1	5.2
女職員会有	98.4	90.8	89.2	14.0
女職員会無	87.5	53.3	87.5	10.6

出所：キム・スングォン他 2003 より作成

表1-8 多様性管理調査結果（1）（％，社）

多様な人材採用に対する意思が明らかに使命陳述書や戦略計画に含まれている		勤労者皆に公正な機会を提供して人材の多様性を管理する政策が公式に文書化されている	
はい	39.3 (117)	はい	54.5 (163)
いいえ	60.7 (181)	いいえ	45.5 (136)
計	100.0 (298)	計	100.0 (299)

出所：イム・ヘジョン他 2008 より作成

表1-9 多様性管理調査結果（2）（％）

階級別女性比率	
役員	1.8
部長	4.0
次長	5.8
課長	11.0
代理	19.1
社員	35.3
全体	23.2

出所：イム・ヘジョン他 2008 より作成

　この調査から導き出された結論は，①おおむね性，国籍，年齢などによって差別をせずに人事管理を行っており，②法制度は定着している。しかし，③企業内に DM の文化を浸透させるための施策はまだ十分とはいえないというものである。

　上記調査はいずれも大企業を対象としているため，中小企業ではそれより状況のよくないことが推測される。その上，女性の多くが非正規労働者であることを考えると，DM によってカバーされる範囲は極めて限定的であり，問題は WLB/DM のような手法以前の就業状況にあるといわねばならない。

第2章
高学歴化そして非正規化

韓国の働く女性たちについて語るにあたって，その高学歴化と進展する非正規化に注目しないわけにはいかないだろう。

1. 女性の高学歴化と労働市場

世界でも類を見ないほど高学歴化の進展した韓国において，その高学歴は女性たちの就労とどのように結びついているのだろうか。

(1) 女子高等教育の拡大

周知のように，韓国の高等教育進学率は世界でも最高の部類に入り，2009年には19年振りに下落したとはいうものの，男性81.6%，女性82.4%に達している[1]（表2-1）。なお，女性の高等教育進学率が男性を越えたのはこれが初めてである。

韓国の教育制度は，日本と同じ6-3-3-4制をとっている。高等教育はアカデミックな色彩の強い大学（韓国では大學校）と実学的な色彩の濃い専門

表2-1 高等教育進学率の推移（%）

	女性	男性
1980	22.9	30.3
1985	34.1	38.3
1990	32.4	33.9
1995	49.8	52.8
2000	65.4	70.4
2005	80.8	83.3
2009	82.4	81.6

注：専門大学，教育大学，大学を含む
出所：韓国女性開発院 各年，GSISより作成

1　進学率＝進学者／高校卒業者×100

大学が担っている。専門大学は専攻により2年から3年制をとっており，その目的は「専門職業人」の養成である。2010年現在，大学は177校，専門大学は146校，在籍学生数は大学198万4043名，専門大学は76万929名，その他（教育大学，産業大学，放送通信大学，サイバー大学他）となっている（教育統計サービス 2010年9月30日）。高等教育は1980年代に急激な拡大を遂げたのであるが，中でも女子高等教育は男性を超える伸びを見せている。

このような高等教育の拡大と高い進学率は，①70年代後半の高度経済成長により家計の所得水準が向上したこと，②産業構造の変化や技術革新によって労働需要構造が変化したことなどが背景としてあげられ（金美蘭 1993: 55)，①80年代の教育拡大政策（本節5項参照），②儒教的教養主義の伝統，③学歴の経済効果に注目する経済合理的学歴論によって説明されるのが通例である。

(2) 高学歴女性にとっての学歴

ところが，最後の学歴の効用については，女性の場合，高学歴が就業に結びつかないことが繰り返し指摘されてきた。瀬地山（1996）は，独自に試算した女性の学歴別経済活動参加率および学歴別の就労者に占める女性の割合の2つのデータから，①韓国では学歴の上昇が労働力率の上昇をもたらさない，②韓国の女子労働力が低学歴層中心であると結論づけた。また金美蘭（1993）も，農家と非農家の女性労働力率を比較し，非農家女子の労働力率の低いことと，都市部での高学歴化率が高いことを合わせて考えることにより，高学歴女性の就業率が低いと判断した。両者とも，用いた数値は1985年と1990年のものである。

その後の学歴別女性経済活動参加率の推移を示したのが図2-1である。この数値によると，経済活動参加への学歴効果は，専門大卒でもっとも高く表れ，大卒以上がそれに次いでいる。就職率についても大学よりも専門大学の方が率としては高い（表2-2）。平均月額賃金には学歴効果が明確に現れている。ただし，同学歴の男性との格差はいずれの学歴においても大きなまま

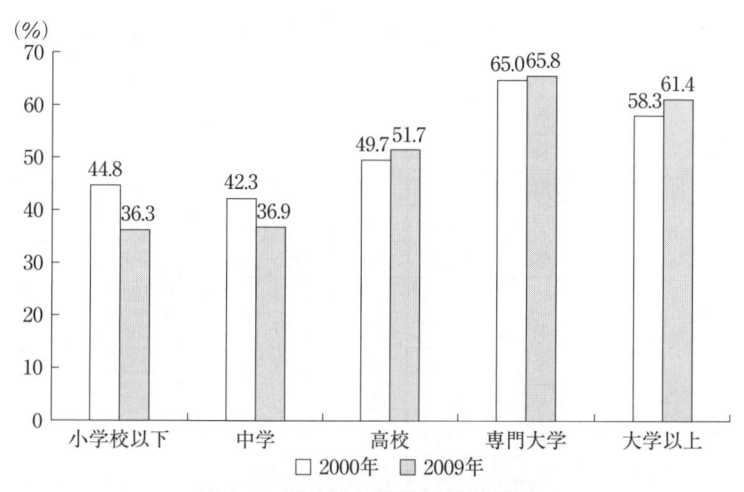

図 2-1　学歴別女性経済活動参加率
出所：Joo Jaeseon 2010：27 より作成

表 2-2　学歴別就職率（％）

年		高校	専門大学	大学	大学院
1985	女性	49.4	64.5	41.5	77.1
	男性	35.6	84.6	79.1	96.9
1995	女性	74.3	78.2	59.3	82.6
	男性	64.3	84.9	77.2	95.6
2005	女性	57.0	82.6	62.3	78.6
	男性	47.3	84.6	67.7	87.3
2009	女性	32.4	85.6	65.3	74.4
	男性	23.4	85.8	69.5	85.6

出所：Joo Jaeseon 2010：23 より作成

あり，専門大学出身者の格差がもっとも小さくなっている（表2-3）。

　賃金の点では学歴効果は明らかであるが，経済活動参加率，就職率の点では明確な差があるとはいえないのである。

　それでは，女性にとって高学歴はどのような意味を持ち得るのであろうか。学歴の持つ機能に「地位形成」と「地位表示」の2つを認める考え方がある

表2-3 学歴による賃金格差（月額）（千ウォン，％）

性別	学歴	1990年	1995年	2000年	2005年	2008年
女性	中学以下	326	540	881	1110	1195
	高校	401	614	1091	1432	1461
	専門大学	497	721	1190	1503	1632
	大学以上	739	986	1753	2158	2188
男性	中学以下	588	932	1495	1816	1907
	高校	658	976	1637	2126	2122
	専門大学	722	1021	1707	2207	2238
	大学以上	1086	1298	2457	3183	3229
男女格差	中学以下	55.6	57.9	58.9	61.1	62.7
	高校	60.9	62.9	66.6	67.4	68.9
	専門大学	68.9	70.7	69.7	68.1	72.9
	大学以上	68.0	75.9	71.4	67.8	67.8

出所：Joo Jaeseon 2010: 35 より作成

（天野 1983: 49）。これを性別に見ると，男性にとっては学歴を獲得することが，地位形成のための手段的価値を持つのに対して，女性の場合は，学歴は所属する「身分集団」の要求する文化や教養を表示する役割を果たすという[2]。

　金美蘭（1993）は，韓国においても，高学歴女性にとって学歴の持つ機能は，就業に役立てるものというより，より高い階層に属し，家庭内における地位を確保するための手段としての要素が強く，韓国の女子高等教育の量的拡大は，学歴が雇用市場というより結婚市場に結びついてきたという社会文化的な状況を背景としたと見ている。金は，高学歴女性の場合男性よりも賃金の学歴間格差が大きく，学歴が高くなると男女の賃金格差が少なくなる傾向が見られたという。また，収益率（教育費用の回収率）を見ても他の教育レベルより，また男子高等教育より高いことが指摘できるにもかかわらず，就

---

[2] 獲得していない地位は表示できないのであるから，このような区別は不可能との論議もあるが（橋本 1998），女性にとって高等教育が与えてきた効用を説明するにはこのような見方が必要だと考える。

業率はそれほど高くない。そのため金は，韓国の女子高等教育における量的拡大には，経済的要因ではない要因，すなわち経済合理的な判断に影響を与える文化的要因の存在することを指摘した。それが学歴と結婚市場との結びつきである。論拠としたのは，第1に高学歴女性の結婚退職は5割を超えており，しかも自ら退職する割合が非常に高いこと，第2に高学歴専業主婦は，就業に踏み切る賃金水準と主婦役割の経済的価値を非常に高く見積もることにより，自らの能力を高く評価し，家庭における役割を重要なものととらえていることであった。

　現代韓国の若い女性たちが，高等教育と結婚市場との関連を明確に意識しているとはとても考えられないが，2004-05年に行った聞き取り（女性事務職聞き取り(1)および(2)）においても「大学を出ないと結婚できない」との発言も見られた。韓国の教育同類婚（educational homogamy）という文化的要因も指摘されている（Brinton ed. 2001: 24）。これほどまでに進学率が上昇した韓国社会において，学歴は有利な就業はもちろん，結婚にも，社会的威信の上からも不可欠とされているといってよいだろう。

(3) 「賢母良妻」イデオロギー

　さて，学歴が高学歴女性にとって持つ意味を規定するもうひとつの社会文化的な要因としてあげられるのは，「賢母良妻」イデオロギーである。日本では「良妻賢母」という用語が定着しているが，現代韓国では「賢母良妻」と表現される。

　日本における「良妻賢母」は，「儒教の徳目を重視しながらも，そのなかに次世代の良質の国民の再生産のために教育する母という形で西欧の女子教育観を取り入れ，さらに国家統合の必要から国家にまで視野の広がった女性を要求するというすぐれて近代的な女子教育」とされている（金美蘭 1993，瀬地山 1996）。韓国への用語の導入と定着は日本の植民地時代とされるが（瀬地山 1996: 140，金眞淑 2003: 31），日韓併合以前の韓国においても，「賢母良妻」に連なる思想を確認することができる。「良妻賢母」イデオロギーは，

日本特有の近代化の過程で生み出されたとするとらえ方もあるが (深谷 1990)，近代国家の建設が急がれた韓国においても「賢母良妻」の養成が急務とされたのである (金眞淑 2003)。つまり，1876年の日朝修好条規 (江華条約) によって門戸が開放されたことにより，日本を含む外国の女性教育が紹介され，女性が近代的教育の対象として認識され始めるようになった。そして，女性教育を実施することによって，国民たる夫の内助者，次世代の国民の教育者，家庭管理などの役割が遂行できる「賢母良妻」的な女性を養成することが求められるようになったのである (金眞淑 2003)。

「賢母良妻」イデオロギーは，「婦＝内，夫＝外」という儒教規範との連続性を持つ (瀬地山 1996: 146) という点においては儒教とは密接につながっており，儒教に基づく伝統的な女性観ととらえられがちであるが，儒教的価値観においては，女性は教育の対象とはならず，韓末の国家存亡の危機に際して，富強なる国家を建設するために誕生した近代的な女性教育観と見るべきものである (洪良姫 2004，玄美兒 2003)。

その後の植民地時代には，女性教育にも日本の影響が及ぼされ始め，「賢母良妻」は植民地女性の教育政策の基本目標となった。解放後も「賢母良妻」は望ましい女性教育像として伝播されたが，特に経済成長期には「働く夫と専業主婦」という近代家族における性役割分担に合致するものとなり (洪良姫 2004: 4)，中産階層主婦の生活様式を理想とする価値が社会的に再生産されるに至った (金美蘭 1993: 60)。

このような階級性を伴った「賢母良妻」という地位を獲得するためには，少しでも高い学歴が必要とされたと考えられている (金美蘭 1993: 60)。通貨危機後は，女性たちに経済活動をも求める「新賢母良妻主義」も取りざたされるようになっており，従来の賢母良妻に加えて，経済的能力まで要求される女性たちの高学歴志向は，とどまるところを知らない様相を呈している。

(4) 高等教育内部の分化と男女格差

もちろん，高等教育を受けた女性が，同質のグループを形成するわけでは

ない。Lee Sunhwa（2001）は，1992年に男女大卒者約1000名を対象とした調査を行い，出身大学の威信によってキャリアの可能性と結婚パターンにどのような差があるかを検証した。対象者は80年代初期の大卒者である。その結果によると，大卒女性の雇用パターンは2つのタイプに大別することができる。ひとつは生涯にわたるキャリアを追及するタイプ，今ひとつは結婚前にのみ就業するタイプである。大学威信を大学修学能力試験（日本の大学入試センター試験にあたる）の合格最低点により5段階にランクづけした場合，卒業から調査時点までの約10年間における就業経験は，もっともランクの高い第1ランクが91％，次いで第2ランクが86％，第3ランクが78％と大学ランクとの関連が見られた。専攻分野別に見ると，教育，看護，薬学は結婚前も後も雇用比率が高く，第1ランクは専攻にかかわらず結婚後も就労する比率が高い。Leeはこれを，人的資本の蓄積量に対応したキャリア・コミットメントの強さによると解釈した。同時に，伝統的女性職の女性は，他の専門職あるいは事務職の女性よりも，長期に就労する傾向があったという。それは，ほとんどのホワイトカラー職種においては，女性は男性と同等の機会が与えられず，キャリア可能性の少ない職務に分離されるため，長期就労へのインセンティブが損なわれるためとした。

そのような大卒女性内部の分化にもかかわらず，男性に対しては社会経済的報酬において同質であるという。つまり，女性の労働市場において上位ランクの大学卒であることが，職務のジェンダー化された性質，長期にわたる昇進の可能性，賃金の点で何の優位性ももたらさないという。男性の場合はエリート大学の出身であることが経済的な効用を産むのであるが，女性の場合は，エリート大学の出身であっても，そのような機会に恵まれることはなかなか困難だからである。Leeもまた，女性にとっての大学威信は，結婚を通じて社会経済的成果を産むものととらえた。

クム・ゼホは，「韓国労働パネル調査の3次年度」（2000）を用い，女性賃金労働者の上位40％と下位40％についてその特性を分析した。その結果，女性高賃金労働者の特性を，低年齢，高学歴，長期勤続，常用職，低賃金労

働者の特性を高年齢，低学歴，短期勤続，短時間労働と結論づけた。しかもクム・ゼホは，韓国労働市場の特徴のひとつは「複合的二重構造」としている。すなわち，労働市場は，高生産性・高賃金・雇用安定の職業階層上層部を男性が占めていて，女性は低生産性・低賃金・雇用不安の下層部にとどまるという性別分離構造がある上に，女性内部もまた上記の2つの階層に区分されるということである。そのためもあって，ますます高学歴化が進み，高学歴女性の超過供給が起きているのであるが，女性の場合，上位グループといっても一部を除いて，企業の下位職または底辺部で働いていることが大きな問題点であるという（梁京姫 2004: 32-3）。

　この2つの調査が行われてから既に多くの年月が経過しているのであるが，非正規化の深化に伴い，女性内分化はさらに進展していると考えられる。また，問題とすべきは女性内部の分化にもまして男性との差異であるという点にも変わりはないものと思われる。

(5) 大卒労働力の需給バランス

　韓国における高学歴化は労働市場の要請によって起こったものではなく，学問を重んじる歴史的背景や80年代の教育拡大政策によって，需要を上回る高等教育修了者を供給することになったものである。

　1980年の高等教育拡大政策は，「7.30教育改革措置」と呼ばれる。高等教育は，朴正熙政権下の1960年代から70年代にかけては，それ以前の高級人力（労働力）の遊民化（大卒者の失業問題を意味する）と不実私学問題（私学の水増し入学を意味する）への反省から，基本的に統制・抑制政策がとられてきた。そのため，大学受験競争が激化し，過度な課外授業が社会問題化した。そこで全斗煥政権下では，課外授業を禁止するとともに，高等教育拡大政策を打ち出したのである。この政策は，韓国高等教育政策史において重大な転換点と位置づけられている（佐藤 1997: 110）。すなわち高等教育の「抑制政策」から「拡大政策」への転換であり，これを機に韓国の高等教育はエリート段階からマス段階へと一気に移行し，ユニバーサル段階に達するに至っている。

この結果，大学生の就職難は深刻な状況となった。そしてそれはもともと低かった女子学生の就職率をさらに低下させた。その後状況は改善されつつあるものの，大卒男性の供給が十分である状況下では，ホワイトカラーの多くを男性で満たすという雇用側の選好が維持され，大卒女性の就業は抑制されたままとなっている (Lee Sunhwa 2001: 135-6)。

　教育政策は，労働市場の需要をはるかに上回る形での高等教育の拡大を推進する結果となり，大卒以上の供給が，極端に過剰となっているのである。もちろん，雇用平等法の施行や女性雇用政策の推進，男女平等に関する社会意識の進展等により，一部のエリート女性にとっては門戸が開かれているのであるが，それ以外の多くの女性にとって，労働市場は狭き門であると同時に均等な機会が提供されることを期待しがたい状況にある。

2. 非正規化の進展と非正規職保護法

　非正規化の進展する中で，非正規雇用の濫用是正・防止と格差の是正を目的として2006年11月いわゆる非正規職保護法が成立した。施行は2007年7月であった。日本の改正パートタイム労働法同様，法律自体は脆弱な労働者の立場を守るはずのものであるが，その実効性には問題があるといわねばならない。この節では，非正規職保護法の導入とその後の改正論議を追う。

(1) 非正規職の労働条件

　韓国における非正規職の内訳は，日本とは異なった様相を呈している。それは，期間制（契約職）の比率が高く，時間制（パートタイム）の比率が低いことである。女性の場合2009年1月の非正規比率（GSISより算出）は40.6%，その内訳は契約職の比率が非正規職中56.2%，パートタイムが34.3%，請負が9.3%，派遣が2.6%である。男性の非正規比率は28.2%，そのうち契約職は62.2%，パートタイムは14.3%，請負は12.1%，派遣は2.3%である。また，非正規職中の半分近く（48.9%）を男性が占める点も，非正規雇

表 2-4　正規職と非正規職の労働条件（2009 年 3 月）

	平均勤続期間	月平均賃金総額(万ウォン)	週平均労働時間(時間)	国民年金適用率(%)	健康保険適用率(%)	雇用保険適用率(%)
正規職	6年5ヶ月	216.7	48.1	78.7	79.5	67.3
非正規職	1年11ヶ月	123.2	40.8	37.6	40.9	39.1
限時的労働者	2年2ヶ月	140.3	44.1	55.7	60.4	57.2
期間制労働者	2年5ヶ月	149.0	44.1	64.6	69.7	66.2
非期間制労働者	1年5ヶ月	104.6	44.1	18.7	21.8	20.3
時間制労働者	11ヶ月	55.7	22.0	6.7	6.9	7.3
非典型労働者	1年10ヶ月	113.0	42.0	22.6	28.2	26.1

出所：統計庁 2009 より作成

用の 7 割近く（総務省 2010）を女性が占める日本とは大きく異なっている。

　非正規職の労働条件が正規職とどの程度差があるのかを示すのが表 2-4 である。月平均賃金総額（2008 年 1 ～ 3 月平均）は正規職 216.7 万ウォン，非正規職は 123.2 万ウォンで，賃金格差は 56.9 となる。週平均労働時間は，パートタイムを除くと大きな差はない。先に述べた非正規職のセーフティネットの脆弱さを示すのが社会保険適用率である。期間制労働者の適用率は比較的高いが，時間制の適用率は大変低くなっている。

(2) 非正規職保護法の導入

　非正規職保護法は，「期間制・短時間制勤労者保護法」「派遣勤労者保護法」「労働委員会法」の 3 つからなる。主要な内容は，①非正規職に対する不合理な差別処遇禁止・是正，②期間制および短時間勤労の濫用制限，③不法派遣に対する制裁と派遣勤労者保護の強化である（脇田 2008）。

　具体的には，①期間の定めのある労働者を 2 年を超えて雇用すれば，「期間の定めのない労働契約」を結んだと見なす，②派遣労働者に関しては，2 年経過後，事業主に直接雇用を義務づける，③非正規労働者に対して「合理的な理由なしに」，同種業務に従事する正規労働者と差別してはならないというものである（呉学殊 2009）。

この法律の施行により，非正規職の待遇改善と正規職への転換が進むことを期待する向きもあったが，労働側を始めとする大半の反応は「現実には予想されたとおり，非正規職女性の大量解雇と外注化を生むこととなった」(京郷新聞 2007年7月4日) といったものであった。

(3) 非正規職保護法のもたらしたもの

　現実の対応はどのようなものであったかというと，2006年12月にはウリ銀行が2007年3月から分離職群制度 (職群分離ともいう) 導入を通して，非正規職3100人余りを正規職化すると発表した (労働解放学生連帯 2007年12月11日)。表2-5は，同銀行の職群である。窓口係，事務支援，コールセンターに働く女性たちが新設された分離職群制対象となったのである。なお，これは2010年現在にも続行されている。

　多くの企業がこれに同調し (ハンギョレ新聞 2008年8月31日)，雇用の安定という点においては，非正規職にとって歓迎すべきことではあったが，多く

表2-5　ウリ銀行職群分離制

職群	定義
個人金融職群	個人顧客を対象にした戦略開発，商品開発，営業および営業支援関連職務遂行
企業金融職群	企業顧客および機関顧客を対象にした戦略開発，商品開発，営業および営業支援関連職務遂行
投資金融職群	投資金融，短期金融，信託などと関連した戦略開発，営業，リスク管理，資金管理および営業支援関連職務遂行
経営支援職群	銀行全体次元の戦略開発，経営支援，営業店業務支援などと関連した職務遂行
個人金融サービス職群	営業店窓口で大衆個人顧客を対象とした入出金および商品販売と関連した職務遂行
事務支援職群	営業店支援と関連集中化業務，営業本部および本部部署事務補助，営業店顧客業務代行などと関連した職務遂行
Customer Satisfaction 職群	電話など非対面チャネルを通した顧客との相談業務および職員対象Help Desk業務などと関連した職務遂行

出所：ウリ銀行 2008年3月7日

の問題点を残すこととなった。その第1は,女性業務が主に職群制転換の対象になったという側面で間接差別の疑惑が大きいことである (Labor Today 2007年11月5日)。「女子行員制度の復活」(労働解放学生連帯 2007年12月11日),「差別の固定化」(韓国労働社会研究所 2007),「身分は正規,待遇は非正規」(ハンギョレ新聞 2008年3月7日)と称されるような「正規職の下降平準化」(社会進歩連帯 2007年2月14日)につながる状況にあるととらえられた。

表2-6の「主要企業非正規職の新興職群転換類型」にあるように,無期契約に転換する際に企業側の選別手順を踏まなくてはならない,賃金体系が別,職群間移動が不可能であるなど既存の正規職と全く同じ条件とはなっていな

表2-6　主要企業非正規職の新興職群転換類型

転換類型	特徴	事業場	規模	対象	非正規職転換時期
無期契約	勤労条件水準は企業によって多様	三星テスコホームプラス	2700余名	計算員(2年以上勤務)	7月
		ロッテマート	500余名	売場管理職	7月
		ノンヒョプ	633名	施設管理等4職務	7月
		新世界	5000余名	パートタイム全員	8月
		外換銀行	1000名	全体契約職より選別	8月
		企業銀行	700名	2年以上勤務者	11月(計画)
分離職群	既存正規職群と別途人事賃金体系	LGテレコム	212名	直営代理店販売職	1月
		ウリ銀行	3076名	窓口職・事務職員・コールセンター	3月
		ウリ投資証券	350余名	コールセンター・支店管理職	7月
		イーランドリテイル(ホームエバー)	521名	2年以上勤務者より選別(職務給)	7月
		産業銀行	131名	2年以上勤務者(職務給)	7月
下位職制	既存正規職に最下位職群を新設して編入	現代自動車	377名	事務契約職・年俸契約職	7月
		起亜自動車	109名	事務契約職	7月
		釜山銀行	606名	窓口職・電算専門職	7月

出所:ハンギョレ新聞 2007年8月31日

い例も多々あり，それゆえに「類似正規職」と呼ばれるのである。

「『非正規職法』が労働市場に及ぼした影響と法改正方向に関する研究」(オ・スボン他 2008) では，非正規職の移動経路を非正規職保護法の施行前と後 (2006 年 8 月〜 2007 年 3 月と 2007 年 8 月〜 2008 年 3 月) とで比較している。これによると，非正規職が他の雇用形態に移動する比率は，正規職への移動が 16.3%から 14.9%に減少し，非経済活動人口への移動が 10.8%から 11.4%に若干増加している。景気低迷による効果を区分するための調整を行った後にも正規職の減少幅は 0.4%，非正規職の減少幅は 0.7%と非正規職の方が高くなっており，ポジティブな影響とはいえない状況であった。

呉学殊 (2009: 58) は，同保護法に対する企業の対応を大きく 4 つに分けられるとしている。第 1 に，法の趣旨に添い，正規化を行ったタイプ (正社員化型) である。第 2 に，正規化は図るものの，労働条件はほぼ従来のままにしておくタイプ (無期契約化型) である。第 3 に，差別是正にかかわる紛争を避けるために，正規と非正規の職域を峻別するタイプ (職域峻別型) である。第 4 は，アウトソーシングするタイプ (外注化型) である。

表 2-7 は，2008 年に労働部 (省) が公表した企業調査「非正規職の身分変更の実施状況および実施予定」の結果である。調査対象 6912 社のうち，3745 社が非正規職の身分変更を行った (54.2%)。その内訳は，「正規雇用への転換」が 6 割台，「アウトソーシング」が 2 割弱，「職務の廃止」がそれをやや上回る程度である。「コミュニケーション・銀行」では特に正規雇用への転換が高い比率で行われた。この調査結果による限り，非正規職保護法は非正規職の正規化を促進したというべきである。

(4) 非正規職保護法の改正論議

2009 年 7 月には非正規職保護法施行から 2 年が経過し，雇用期間「2 年」を迎える非正規職の大量解雇が予想された。当初労働部は，年末までに最低 70 万人の非正規職が解雇されるとの見通しを立てた。そのため労働部が雇用期間を延長する改正案を提出したのに対し，野党と労働団体はその阻止に

表 2-7　非正規職の身分変更の実施状況および実施予定（％）（複数回答）

産業	実施			予定		
	正規雇用への転換	アウトソーシング派遣	職務の廃止	正規雇用への転換	アウトソーシング派遣	職務の廃止
製造業	52.2	23.5	23.0	57.8	16.4	19.0
建設業	71.0	17.3	18.6	60.3	13.8	18.6
小売・卸売業	71.7	12.9	28.3	64.4	14.5	19.4
飲食・宿泊業	70.8	32.5	15.6	86.1	25.7	30.7
電気・運輸業	53.2	10.4	11.1	68.1	7.3	8.7
コミュニケーション・銀行	88.0	19.8	21.6	91.6	20.2	15.7
その他	67.5	19.6	19.3	63.8	20.3	21.1
計	62.9	19.9	20.6	64.9	16.4	18.3

出所：労働部 2008

乗り出した（中央日報 2009 年 3 月 15 日）。6 月末から開催された臨時国会では結局決着を見ず，9 月の通常国会に先送りされることになった（中央日報 2009 年 7 月 24 日）。

　7 月段階では，労働部は雇用期間「2 年」を迎えた 6913 人のうち 71.5％が解雇され，正社員への転換は 28.5％であると発表し，予想通りの大量解雇が進んでいるとした。労働界の主張はこれとは異なり，韓国労働総同盟（韓国労総）が 2202 の事業所を調査したところによると，契約期間 2 年が満了した非正規職のうち 68.4％が正社員や無期契約職に転換されたという。中央日報ではこの調査結果を踏まえ，労働部は「正社員に転換しようとする企業への支援策を講じるべきだ」と主張した（中央日報 2009 年 7 月 29 日）。

　このように非正規職保護法の効果とその改正の是非については，世論が対立している。9 月になって労働部が公表した調査によると，非正規職保護法が施行されて以降，2 年間の契約期間が終了した 1 万 9760 人の非正規雇用者のうち，解雇されたのは 37％（7320 人），正規職に転換したのは 36.8％（7276 人），正社員に転換しないまま雇用が継続しているのは 26.1％（5165 人）

となっている[3]。労働部はこれをもって正規職の転換効果は大きくないとし，雇用期限を2年から4年に延長する法改正を推進しようとしているが（朝鮮日報2009年9月5日），朝鮮日報はその社説において，現行法は法を無視した継続雇用は正規職に転換したものと「見なす」としているのであるから，解雇された37％と継続雇用の26.1％を合わせた63.1％は正規職として保護されるべきであり，政府は期間の延長にこだわることなく，2年以上雇用が継続している場合には正規職に転換できるようにし，解雇された人を保護するという形で，政策の方向性を打ち出していくべきだと主張している（朝鮮日報 2009年9月6日）。

　非正規職保護法は，非正規職の保護と差別是正目的として制定されたものであり，同保護法をめぐる争点は労働の柔軟性と雇用の安定性にあるが，現時点では制度と現実とのギャップがもっとも大きな問題というべきであろう。

---

[3] 労働部が7月16日から8月12日まで，全国の企業（従業員5人以上）1万1426ヶ所を訪問して得た標本調査結果である。

第Ⅱ部

女性職の選択

第3章
韓国における秘書教育

　第3章以下の第Ⅱ部では,「女性職の選択」について論じる。第Ⅱ部では主として,韓国における秘書教育の広がりと秘書という職業に対する人びとの意識の構造とその変遷をたどることにより女性職の選択の意味するところを検証することとしたい。

1. 秘書教育の広がり

(1) 4年制大学における秘書教育—梨花女子大学秘書学科という存在—

　韓国では他の多くの国々とは異なり,4年制大学において秘書の養成を行っている。特に梨花女子大学では,解放後の長い期間4年制大学としては唯一秘書教育を行ってきた。一方,1980年代からは2年制の専門大学でも広く秘書教育が行われるようになり,大学・専門大学とも高い就職率を誇ってきた。通貨危機が落ち着いた2000年以降の大卒就職率は50％台後半から60％強の間を推移してきたが,梨花女子大学秘書学科（2006年,国際事務学科に名称変更）卒の就職率は2006年には91.7％という高さを誇っていた。同様に,専門大卒の就職率は80％前後であったが,大林大学秘書行政科（2010年,国際事務行政科に名称変更）卒の就職率は2004年時点で94.8％という高さであった（教育人的資源部［省］2005および両校での聞き取りによる）。

　韓国の秘書教育が長くモデルとしてきた米国では,秘書の養成はコミュニティ・カレッジが中心となっており,80年代から90年代にかけて隆盛を極めた日本の秘書教育もまた,短期大学や専門学校を中心としたものであった。

本章では，韓国の秘書教育の概要を述べた後，その秘書教育が秘書の需要との関係でどのような位置づけにあるのかについて，梨花女子大学秘書学科の果たしてきた役割に注目しつつ，日本との比較を交えて明らかにする。なお，本章以降に用いる過去の調査リストは，章末資料3-2に示した。

　韓国の教育制度は日本と同じ単線型であり，6-3-3-4制をとっている。先にも述べたように，韓国の高等教育進学率は世界でも類を見ないほど高くなっている。

　韓国における大学レベルの秘書教育は，1952年8月梨花女子大学において，国連再建団 (United Nation's Korea Reconstruction Agency, UNKRA) の後援を受けて，英文タイプと速記が教えられたのが最初である。これは，当時の政府および国連機関などにおいて英文事務を遂行することのできる秘書の養成を目的として設置されたものである。その後1968年には独立学科となった (ユ・ヨンスク／チェ・エギョン 1994: 9)。当初法政大学 (学部) に設置された秘書学科は，1995年経営，経済学科とともに商経大学に分離・新設され，1999年からは経営学科とともに経営大学を構成するようになっている。秘書学科は1999年，英語名称を Office and Convention Administration，その後 International Office Management へと変更した。米国の秘書を目標としてきた韓国の秘書教育が，英語圏における秘書の人気低下を反映して，英語名称から「秘書」をはずし，2006年にはついに韓国語名称も国際事務学科と変更するに至ったのである。なお，本書では，総称する場合には旧称の秘書学科を用いる。

　90年代の秘書学科は，経済，政治，外交，産業の各分野における専門的な行政および管理の実務者としての補佐役を十分に遂行できる「専門秘書」の養成を目的としていた。なお，「行政」という韓国語は，英語の administration にあたる (本章脚注5参照)。当時の大学案内によれば，秘書学科の目的は以下のようなものであった。

　①急変する現代の情報社会が要求する中間管理職以上の補佐的な職能を

担当する有能な専門秘書を養成する。
②経営管理に参与するだけでなく，経営環境に適応し，正確な意思伝達，効率的な事務処理，正しい意思決定など総合的な能力を持つ人材を養成する。
③国家の発展とともに増加する各種機関，団体および国際機関に至るまで円滑な情報および事務管理に必要な資質，教養，能力を備えた知的な専門人を育成する。
④秘書学の研究および教育を担当する有能な教育者を養成する。
　この目的の達成のため，
①独創性と正しい判断力を持って責任を完全に遂行できるよう，経済学・経営学・法学・行政学など専門的な知識を深めさせ，
②組織社会における円満な人間関係の重要性を認識させ，専門秘書として望ましい態度と品性を養うよう指導し，
③現代の事務が要求する事務技能（速記，ワープロ，コンピュータなど）を上達させる。

　2000年からは教育内容を，国際事務管理，ウェブ情報管理，国際会議およびコミュニケーション管理とし，秘書領域からの拡大を図っている。章末資料3-1に示したように，国際事務学専攻は「グローバル環境において他文化を理解し，能動的に交流しつつ，組織経営と事務運営能力，職業意識と倫理意識，コミュニケーション能力を備えた専門職業人を養成する」ことを教育目的としてきた[1]。職種としては，専門秘書を始め，プロジェクト・マネジャー，ウェブ情報企画管理者，コミュニケーション専門家，国際会議専門家，同時通訳者，コンサルタントなどを含んでいる。

　2006年に国際事務学科と名称変更してからの科目構成は，表3-2に示したとおりである。これらの知識を蓄積させつつ，「問題解決および意思決定能力，企画能力を育む。実用的な学問を教育すると同時に，人格教育を強調

---

[1]　2010年現在は，下線部が「グローバル環境における組織と事務運営全般に関する専門知識と情報管理能力」と改変されている。

し，職業倫理と道徳性を兼備しながら，組織内外の情報およびコミュニケーションを統合運営管理する能力を備えるようにする」とされた（資料3-1）。表3-2の右端欄は，科目の性格を，筆者が「旧来型主要科目」「旧来型関連科目」「新傾向科目」に分類したものである。「旧来型」は従来から秘書教育にほぼ確実に含まれていた科目，「新傾向」は秘書から範囲を拡大あるいは移行して加えられるようになった国際事務管理，ウェブ情報管理，国際会議およびコミュニケーション管理に関する科目である。

　1995年の科目表（表3-1）には「情報データベース論」「電子出版」等，当時としては高度なスキルが盛り込まれているが，秘書の業務範囲を大きく超えるものではない。これに先立って梨花女子大学秘書学科のユ／チェ（1994）は，秘書専攻課程のための教育課程モデルを示している（図3-1）。表3-5は，それらの科目の1990年における開設状況である。これらの科目はコンピュータ関連の科目が進化した他は，2006年においてもあまり変わっていない部分が多く，表3-2において「旧来型」としたのはこれらの科目である。なお，当時4年制大学で秘書教育を行っていたのは梨花女子大学のみであったため，この調査の対象は他の専門大学となっている[2]。

　表3-3には2010年現在の科目構成を示した。2006年以降の科目表では

表3-1　梨花女子大学秘書学科専攻科目（1995年）

社会学基礎理論	人間関係論	秘書会計
秘書学	情報管理論	財務情報処理論
コンピュータ・キーボーディング	事務英語Ⅱ	英語文書作成論
事務と経営	秘書実務論	高級秘書実務論
事務管理論	組織とスタッフ	電子出版
事務英語Ⅰ	国際事務管理	OA理論と実際
国際情勢論	秘書英語演習	高級速記Ⅰ
ワープロ	速記理論と演習	高級速記Ⅱ
実用文章論	国際協力論	情報データベース論
情報システム論	貿易実務論	高級英語文書作成論
統計資料分析	貿易英語	
	秘書学研究方法論	

出所：梨花女子大学秘書学科提供の資料（1995）による（韓国語）

表3-2 梨花女子大学国際事務学科教科課程（2006年）

区分	履修推奨 学年	履修推奨 学期	教科科目名	時間	単位	科目の性格
学士学位課程教科目	1	1, 2	秘書学原論	3	3	◎
	1	1	Business English	3	3	◎
	1	2	Business Computing	3	3	◎
	2	1	会計原理：理論と実務	3	3	◎
	2	1	国際関係理解	3	3	◎
	2	1	インターネットとホームページ	3	3	◎
	2	1	Business Communication	3	3	◎
	2	2	Business English Conversation I	3	3	◎
	2	2	文書の立案と作成	3	3	◎
	2	2	ウェブ情報システム論	3	3	△
	2	2	財務情報の分析と実務	3	3	
	2	2	専門英語論	3	3	
	3	1	人間関係論	3	3	◎
	3	1	英文文書の立案と作成	3	3	
	3	1	国際会議コミュニケーション I	3	3	△
	3	1	秘書実務	3	3	◎
	3	1	マルチメディア情報処理	3	3	△
	3	1	インターネットの企画とウェブデザイン	3	3	△
	3	1	対人コミュニケーション	3	3	
	3	2	国際ビジネス原論	3	3	○
	3	2	英文速記 I	3	3	◎
	3	2	国際会議コミュニケーション II	3	3	△
	3	2	Business Writing	3	3	◎
	3	2	Advanced Business Computing	3	3	◎
	3	2	異文化コミュニケーション	3	3	○
	3	2	システム分析と設計	3	3	△
	3	2	ウェブ情報システム論	3	3	△
	4	1	文書管理論	3	3	◎
	4	1	人材養成論	3	3	○
	4	1	国際取引実務論	3	3	○
	4	1	データベース管理	3	3	△
	4	1	英文速記 II	3	3	◎
	4	1	事務プロジェクト企画および管理	3	3	△
	4	1	Business Writing Clinic	3	3	◎
	4	1	専門職業倫理	3	3	
	4	1	ウェブ管理企画	3	3	△
	4	2	Business English Conversation II	3	3	◎
	4	2	高級秘書実務論	3	3	◎
	4	2	国際事務管理	3	3	△
	4	2	英文速記 III	3	3	◎
	4	2	国際会議企画および運営	3	3	△
	4	2	国際会議情報システム	3	3	△
	4	2	国際マナーとビジネスプロトコール	3	3	◎
他専攻（学科）認定教科目	2	1, 2	会計情報原理（経営）	3	3	○

注：経営大学　卒業必要単位：120　　　　　　　　　　◎＝旧来型主要科目
　　　　　　　必要専攻科目単位：経営学専攻45，秘書学専攻36　○＝旧来型関連科目
　　　　　　　教養必須科目単位：27　　　　　　　　　　△＝新傾向科目
出所：梨花女子大学 2006年7月24日より作成

表 3-3 梨花女子大学国際事務学科専攻科目 (2010 年)

勧奨学年	学期	教科名	単位
1年	1学期（前期）	国際事務学原論	3
1年	1学期（前期）	Business Computing	3
1年	2学期（後期）	Foundation for Business Computing	3
1年	2学期（後期）	Interculural Communication	3
1年	2学期（後期）	グロバールキャリア開発	3
2年	1学期（前期）	Business Communication	3
2年	1学期（前期）	国文書企画及び管理	3
2年	1学期（前期）	ビジネスウェブ	3
2年	1学期（前期）	Foundation for Convention Management	3
2年	2学期（後期）	英文書企画及び管理	3
2年	2学期（後期）	Business Writing	3
2年	2学期（後期）	高級ビジネスコンピューティング	3
2年	2学期（後期）	International Conference Communication	3
3年	1学期（前期）	English for Business Interaction	3
3年	1学期（前期）	秘書実務	3
3年	1学期（前期）	Globalization: Markets, Places & People	3
3年	1学期（前期）	人間関係論	3
3年	1学期（前期）	事務知識管理	3
3年	2学期（後期）	専門英文書作成	3
3年	2学期（後期）	Convention Planning & Management	3
3年	2学期（後期）	Human Resource Development	3
3年	2学期（後期）	職業倫理と企業倫理	3
3年	2学期（後期）	システム分析及び設計	3
4年	1学期（前期）	高級ビジネス英語	3
4年	1学期（前期）	Business Project Planning & Management	3
4年	1学期（前期）	International Conference Protocol	3
4年	1学期（前期）	データーベース管理	3
4年	1学期（前期）	サービス経営と教育	3
4年	2学期（後期）	Business Communication Clinic	3
4年	2学期（後期）	Cross-cultural Issues for Management	3
4年	2学期（後期）	対人間コミュニケーション	3
4年	2学期（後期）	高級秘書実務	3
4年	2学期（後期）	国際事務管理	3

出所：梨花女子大学 2010 年 10 月 12 日

秘書理論・基礎知識関係科目	秘書実務関係科目	関連知識・実務関係科目
秘書理論に関する科目 (例:人間関係論,社会心理学,秘書総論等)	秘書実務に関する科目 (例:秘書実務・秘書実務演習,秘書演習等)	情報処理に関する科目 (例:情報処理論,電算概論,文献調査法等)
対人機能についての基礎知識科目 (例:人間関係論,社会心理学,組織心理学)	読解,作文,会話に関する科目 (例:秘書対話演習,表現技術,文書作成等)	事務技術に関する科目 (例:英文タイプ,国文タイプ,コンピュータ使用法,ワープロ,英文速記,国文速記,事務用機器の使い方等)
経営・管理に関する基礎知識科目 (例:経営学概論,経営学総論,経営管理論等)	文書管理,事務管理に関する科目 (例:文書管理,事務管理,事務文書管理等)	法律に関する科目 (例:企業法,商法,実務法規,法学概論等)
職業的な素養に関する基礎知識科目 (例:職業倫理,女性と職業,女性問題研究等)	外国語能力に関する科目 (例:秘書英語会話,事務英語,時事英語,貿易英語,実用漢文,実用日・仏・独語等)	会計に関する科目 (例:経済学概論,国際経済論,自国経済論等)
		その他関連知識科目 (例:人事管理論,マーケティング,統計学,貿易実務,国際関係,比較文化論等)

図3-1　秘書教育課程　教育課程モデル
出所:ユ/チェ 1994:10

「秘書」という用語は限定的にしか用いられていないが,「英文速記」[3]のような「旧来型」も多く残されていた。2010年の科目(表3-3)を見ると,より現代的かつ国際的かつ高度な業務に対応できるような方策が講じられている。しかし今後,性別分業に否定的な風潮が広がるなどの理由により,新生国際事務学科もさらに改編を余儀なくされるものと予測できる。

2　2006年時点で秘書専攻課程を持つ4年制大学は17校となっていた(ナ・ユンギョン 2006:9)。しかし,加耶大学校のように一旦設立した秘書専攻の警察行政学科を改編したところもある。日本では結局4年制大学に秘書専攻課程が作られることはなかった。稀な例として,川崎医療福祉大学大学院医療福祉マネジメント学研究科には医療秘書学専攻が設置されている。
3　タイピングと速記は,かつて秘書にとっては,上司の口述する文書を筆記し,後に文書として作成するために必須のスキルであったが,今では上司自身がパソコンに向かって文書を作成するため,速記は不要なスキルとなっている。しかし,2006年の聞き取りによると,秘書学科側ではヒアリング能力を始めとする英語力を向上させ,業務遂行上にも活用することができるとの考えから英文速記の訓練を続けているとのことであった。

第3章　韓国における秘書教育　43

表3-4　秘書教育課程　専攻科目別開設現況（1990年）

	科目名	学校数
秘書理論 基礎知識 関係科目	心理学	8
	行政学	7
	経営学	11
秘書実務 関係科目	文書管理	12
	事務通信	5
	英語会話	14
	秘書演習	13
	日本語	15
	第2外国語	8
	事務管理	12
	事務サービス	7
関連知識 ・実務関 係科目	経済学	6
	会計学	10
	電算概論	16
	生活法律	12
	情報処理論	8
	タイプ	14
	速記	12

出所：ユ／チェ　1994：11

　梨花女子大学の秘書学科卒業生は優秀なバイリンガル秘書として評価が定まっており，近年まで90％が卒業後秘書として就職していた（秘書学科教員への聞き取りによる）。就職後2，3年のうちに半数は秘書職を継続するが，半数は他の職種に異動して管理職となるというのがおよその経路であったという。他の事務系職種につく比率が徐々にあがっているため，秘書の比率はいくらかずつ低下しており，近年では半々程度の比率となってきたとのことであった。就職先は国内大企業とともに外資系企業が多くを占める。2005年卒業生の場合は，女性労働者全体の非正規比率がおよそ7割にものぼる中で，全員が正社員としての就職を果たしており，秘書学科では就職率の高さとともにその「質」の高さを誇っていた。

　なお，経営大学の募集学生数は，秘書学専攻と経営学専攻と合わせて160名，2年次より専攻を選択する方式をとっていた。2005年卒業生は42名であったが，2年次に新しく国際事務学専攻を選択した学生は20名ほどで

あった。2008年からは，経営学専攻145名と国際事務学専攻25名を定員として各々を受験するようになっている。

　国際事務学科ホームページには，2006年から09年にかけての就職現況が公開されている（過年度卒業生を含む）。2006年分は40名が掲載され，その内外資系企業が11名，金融関連が外資系も合わせて15名，その他の就職先もよく知られている大企業ばかりである。2007年分は51名分が掲載され，外資系企業が18名，金融関連が16名，大学院進学が1名，公務員試験の準備が1名，2008年は36名分，うち外資系企業が8名，金融関連が10名，大学院進学が2名，公務員試験と公認会計士試験の受験準備が各1名である。リーマンショック以前であることを考慮に入れても，極めて好成績といわねばならない。2009年は40名分が記載され，外資系が5名，金融関連が7名，大学院4名，受験準備が1名であるが，有名法律事務所6名が目を引く。

　ここで注意しておかなくてはならないのは，2008年分には就職先機関名に「秘書」が付記されていることである。しかし，その数は5に過ぎず，後に触れるように国際事務学科を経ても秘書となる道を選択しないケースが極めて多いのが現状である。

(2) 専門大学における秘書教育—専門大学の参入とその後—

　4年制大学以外では，専門大学において広く秘書教育が行われてきた。専門大学は簡単にいえば，日本の短期大学と専門学校を合わせたような教育機関である。2009年の新入生数は，大学が34万7750名，専門大学23万8804名，専門大学が合計の47.4%を占める（教育統計サービス 2010年10月21日より算出）。修業年限は通常2年であるが，専門領域によっては半年から1年長いところもある。韓国に最初に2年制大学が設立されたのは，1948年のことであった。1960年代の初めには第1次経済開発5ヶ年計画が打ち出され，1963年，この計画に必要な「中レベルの労働者」を養成するため実業専門学校が設立されたが，1976年には既に入学している学生を残して段階的に廃止されることになった。1979年，それまでに存在した2年制大学と職業

専門学校に専門学校をも含めたすべての2年制の大学は短期高等教育の統合のため今日の専門大学となった。専門大学の目的は，従来「中堅職業人」の養成であったが，1997年に改正された高等教育法では，「専門職業人」の養成へと変更された。日本の短期大学とは設立の経緯も目的も異なり，男子学生比率が高く（60.4%，2010年），専攻分野が女性専用に大きく傾いている日本の短期大学とは，大きく様相が異なっている。2010年の専攻分野別学生数は工学系が最多の31.3%，社会科学系が2位の25.0%，芸術・体育系が3位の16.9%である（教育統計サービス 2010年10月12日より算出）。

　秘書教育は，1980年代初めまでは2年制の独立学科あるいは商科，英文科等の課程において行われていた。専門大学では1988年まず4校で始められ，その後1989年に3校，1990年にさらに8校と増加し（ユ／チェ 1994: 9），2005年には，2年制には40，3年制には5つの秘書（関連）学を専門とする学科が設置されていた[4]。その内，「秘書学科」「秘書行政科」[5]「国際秘書学科」のように，学科名に「秘書」が明記され，情報，事務，国際等秘書行政と関連した学科は2年制では37校であった（ナ・ユンギョン 2006: 114）。教育人的資源部によれば，同年の秘書関連学科の在籍学生は2084名，うち女性は1914名（92%）を占め，ほぼ女性占有に近い状態となっている（ナ 2006: 10）。

　同様の基準で『2010学年度全国専門大学編覧』（韓国専門大学教育協議会 2010）を見ると，13の学科を見つけることができる。4年制大学では高校生用2010年入試情報を探索してみると，9つの学科がある。しかし，この後紹介する大林大学では，2010年，学科名を秘書行政科から「国際事務行政

---

[4] これには，「警護行政学科」「警察警護科」「事務情報科」のような「秘書」が明記されていない「秘書関連」学科も含まれている。「警察関連」も人気のある学科であり，「秘書」と結びつけて開設される。
[5] 「行政」という用語は英語のadministrationにあたり，日本語にすれば「事務管理」に近い。学科教員の専門領域が「秘書」ではなく「行政」である場合には，学科名に「行政」が含まれる傾向がある。また，大林大学などに見られるように，夜間大学には市役所などの事業所で働く人びとが「事務管理」等を学びにくる場合がある。その場合は男性も多く含まれることになるため，学科名も「秘書」だけではなく「秘書行政」とされている（大学教員への聞き取りによる）。

科」に変更しており，秘書関連学科の定義が困難となっていると同時に，高等教育における「秘書」離れが進行しつつあることが推察できる。

さて，専門大学の秘書専攻課程において高いレベルを誇っている大林大学（当時は大林専門大学）秘書行政科の 1995 年の教育目標は次のようなものであった。

> 現代社会の高度化および多様化により，企業経営は複雑・多元化している。それに従って経営者の管理範囲は拡大している。経営理念を理解し，理論と実務に精通し，経営者の役割を補佐することが重要となった。経営者の業務処理を効果的に補佐することができる能力を涵養し，産業社会で中堅専門職業人として役割を果たすことができるよう教育することを目的とする。

2006 年の時点でもこの方向性に変化はなかったが，以下のように「国際専門秘書」を強調したものとなっている。なお，「専門」の意味するところは次項で取り扱う。

> 組織内で上司を効率的・効果的に補佐するために必要な理論・実務・実技を教育することはもちろん，グローバル化の時代に要求される知性と

表 3-5　大林専門大学秘書行政科専攻科目（1995 年）

系列共通	経済と社会　産業心理学　電算概論			
専攻科目	理論（必修）	理論（選択）	実習（必修）	実習（選択）
	秘書学概論	人間関係論	基礎会計実習	コミュニケーション1
	秘書英語	組織論	会計管理実習	コミュニケーション2
	経営学原論	時事情報論	文章作法	秘書英語実習
	貿易概論	マーケティング原論	実用漢文	職場礼節1
	行政学概論	文書作法・管理	警護術1	職場礼節2
		企業法一般	警護術2	貿易実務
		事務管理	ワープロ1	基礎統計実習
			ワープロ2	日語会話
			秘書実務1	OA 実務
			秘書実務2	生活工芸
			速記1	いけばな実習
			速記2	

出所：大林専門大学（当時）学校案内（1995）（韓国語）

表 3-6　大林大学秘書行政科教科課程（2006 年）

秘書理論・実務	関連理論	外国語		事務技術
秘書学概論	経営学原論	秘書事務英語Ⅰ・Ⅱ		会計実務
秘書実務論	組織論	英語Ⅰ	日本語Ⅰ	貿易実務
秘書実務実習	ビジネスコミュニケーション	英語Ⅱ	日本語Ⅱ	電算概論
秘書学演習	行政学概論	秘書英会話Ⅰ	秘書日本語会話Ⅰ	秘書情報処理
秘書漢字	企業法一般	秘書英会話Ⅱ	秘書日本語会話Ⅱ	OA実務Ⅰ・Ⅱ
文書管理	人間関係の理解			インターネット利用およびホームページ構築
	現代事務管理論			現代事務管理実務

出所：大林大学 2006 年 7 月 17 日

表 3-7　大林大学国際事務行政科専攻科目（2010 年）

秘書理論・実務	関連理論	外国語		事務技術
秘書学概論	経営学原論	秘書事務英語Ⅰ・Ⅱ		会計実務
秘書実務論	組織論の理解	英語Ⅰ	日本語Ⅰ	貿易実務
秘書実務実習	ビジネスコミュニケーション	英語Ⅱ	日本語Ⅱ	電算概論
秘書学演習	行政学概論	秘書英会話Ⅰ	秘書日本語会話Ⅰ	秘書情報処理
秘書漢字	企業論	秘書英会話Ⅱ	秘書日本語会話Ⅱ	ビジネスコンピューティングⅠ・Ⅱ
文書管理	人間関係の理解			現代事務管理実務
	現代事務管理論			インターネット活用およびホームページの構築
	企画論			
	グローバルリーダーシップ論			

出所：大林大学 2010 年 10 月 12 日

　教養および外国語能力を備えた国際専門秘書養成を目標とする。

　表3-6, 3-9 は, 2つの専門大学の 2006 年の専攻科目である。大林大学の科目を 95 年当時（表3-5）と比較してみると,「速記」や「職場礼節」「いけばな実習」が消えている一方,「インターネット利用およびホームページ構築」が開設されるようになっている。培花女子大学（1998年, 培花女子専門大学より名称変更）の場合も「OA実務Ⅲ」ではInternet, Homepageを扱うこととしているが, その他の点では 95 年当時（表3-8）に比べて大きな変更は加えられていない。4年制の梨花女子大学では, 国際事務, 国際会議, ウェ

表 3-8 培花女子専門大学秘書科教育課程（1995年）

区分	教科目	単位(時間)	1学年 1学期 単位（時間）	1学年 2学期 単位（時間）	2学年 1学期 単位（時間）	2学年 2学期 単位（時間）
必修	秘書学	3(3)	3(3)			
	秘書実務論	3(3)		3(3)		
	秘書実務演習	2(2)			2(2)	
	秘書事務英語Ⅰ	2(2)	2(2)			
	秘書事務英語Ⅱ	2(2)		2(2)		
	経営学原論	3(3)	3(3)			
	経済学原論	3(3)		3(3)		
	事務管理	3(3)			3(3)	
	企業法	3(3)		3(3)		
	コンピュータ理論	2(2)	2(2)			
	情報処理実務Ⅰ	2(2)	2(2)			
	小計	28(28)	12(12)	11(11)	5(5)	
選択	英語文書作成	2(2)				2(2)
	人間関係論	2(2)				2(2)
	職場礼節	2(2)			2(2)	
	ワープロ	2(2)		2(2)		
	OA実務Ⅱ	2(2)				2(2)
	秘書英会話	3(3)			3(3)	
	秘書日本語会話	3(3)				3(3)
	日本語	3(3)			3(3)	
	会計原理	2(2)		2(2)		
	行政学概論	2(2)				2(2)
	法学概論	3(3)	3(3)			
	組織論	3(3)	3(3)			
	貿易英語	2(2)			2(2)	
	OA実務Ⅰ	2(2)			2(2)	
	実用文章論	2(2)				2(2)
	言語表現論	2(2)		2(2)		
	貿易実務	2(2)		2(2)		
	情報処理実務Ⅱ	2(2)			2(2)	
	実用漢字	2(2)				2(2)
	小計	43(43)	6(6)	8(8)	14(14)	15(15)
	専攻合計	71(71)	18(18)	19(19)	19(19)	15(15)
	総合計	103(104)	24(24)	22(23)	30(30)	27(27)
実際運用単位および時間		89(90)	24(24)	22(23)	24(24)	19(19)
教養15%専攻85%						

出所：培花女子専門大学（当時）提供による資料（1995）（韓国語）

表 3-9　培花女子大学秘書行政科教科目（2006 年）

秘書学	生活経済	人間関係論
経営学原論	実用漢文	秘書実務演習
行政学理解	職場礼節	秘書ワークショップ
法と社会	OA実務Ⅲ（Internet, Homepage）	貿易英語
OA実務Ⅱ（Excel, Powerpoint）	英語文書作成	就職と能力開発
初級秘書実務英語	初級英会話	金融関係法
中級秘書実務英語	中級英会話	会社員と健康
余暇管理	初級・中級日本語会話	事務環境管理
秘書実務	言語表現法	現場ワークショップ
OA実務Ⅰ（Word）	法律実務	秘書情報論
企業法	会計実務	

出所：培花女子大学 2006 年 7 月 17 日

ブ構築へと踏み出すことができても，2年制の専門大学では制約があったものと思われる。

　このような教育内容は，日本の短期大学等で行われたものと酷似しているが，日韓の間には実は大きな違いがある。それは第3節で述べるように，秘書専攻課程修了者の多くが秘書として就業することである（森田 1997）。日本の秘書教育は，90年代後半に早々とその使命（結果として，短期就労の一般事務従事者を，労働市場の要請に沿って大量に養成することとなった）を終え，「ビジネス実務教育」一般へと拡散してしまったが，韓国では今も，秘書専攻課程は多くの入学志望者を集め，産業界に多くの秘書を送り出している。その後，培花女子大学は学科名に「秘書」を残したままであるが，大林大学の名称からは「秘書」が消えている。それぞれの 2010 年現在の科目表は，表 3-7 と 3-10 に示している。

(3) 秘書職の「専門化」

　さて，ここまでに「専門秘書」という表現がたびたび登場している。秘書の全国組織も「韓国専門秘書協会」[6]と称している。「専門秘書」は professional secretary の翻訳にあたるが，日本では用いられない用語であ

表 3-10　培花女子大学秘書行政科教科課程（2010 年）

教養	専攻理論	専攻実務
生活英語Ⅰ・Ⅱ	秘書学	初級・中級秘書実務英語
生活日本語Ⅰ・Ⅱ	経営学原論	OA実務Ⅰ（Word Processor）
生活中国語Ⅰ・Ⅱ	行政学理解	秘書実務
文学の理解と鑑賞	法と社会	OA実務Ⅱ（Excel）
ボーリング	ビジネスマンと健康	行政実務
水泳	事務管理	法律実務
女性護身術	実用漢字	職場礼節
レクリエーション	言語表現法	OA実務Ⅲ（PPT, photoshop）
弦楽器（バイオリン）	初級・中級・高級ビジネス英語会話	財務・会計実務
多文化の理解		秘書実務演習
マナーと生活教育	初級・中級・高級ビジネス日本語会話	秘書行政ワークショップ
現代人の心理		現場ワークショップⅠ・Ⅱ・Ⅲ・Ⅳ
結婚と子ども教育	人間関係論	
地域社会の開発と社会ボランティア	生活経済	秘書ワークショップ
	金融関係法	経歴開発ワークショップ
国際社会と語学研修	余暇管理	
就業インターンシップ		

出所：培花女子大学 2010 年 10 月 12 日

る。1942 年設立された国際事務管理専門家協会（International Association of Administrative Professionals, IAAP）は，米国に本拠をおく秘書のネットワーキング，地位向上およびスキルアップを目的とする団体であるが，1998 年に改称されるまでは，国際秘書協会（Professional Secretaries International, PSI）と称していた[7]。そこには「単なる秘書」ではないという思いが込められている。韓国で「専門秘書」という場合，他の業務を担当しつつ秘書業務も担当する「業務秘書」（第 4 章参照，日本では「兼務秘書」と呼んでいる）に対して，「秘書専門」という意味合いを持つが，「専門職としての秘書」という意味合いを持つ場合もある。ここでいう専門職とは，伝統的な専門職とまではいかなくとも，profession としての専門性を必要とするものという意味である。

---

[6] 英語名は Korean Association of Administrative Professionals（KAAP）。
[7] あくまで secretary は secretary であるという意見と，'just a secretary' という意味合いから secretary を使用すべきでないという意見が対立し，当時名称変更は大きな論議を呼んだ。

しかし，現実には「プロとしての秘書」という程度の意味合いと考えた方がよい。また，「業務秘書」に対しては，「専任秘書」という言葉も用いられる。

ノ・ヨンホは秘書を上司の単純な補助者である「一般秘書」と，①訪問客の応対，②電話応対，③情報の収集，④スケジュール管理，会議運営・補助，文書の作成，取り扱いと保管，⑦環境と備品の整理，⑧情報の蓄積と検索，⑨経理業務などを行い専門分野に関する知識と参謀の機能を持つ専門家としての「専門秘書」を区別した（ノ・ヨンホ 1994）。ノ・ヨンホがこの両者を区別する必要性を感じた背景には，秘書とは名ばかりの補助的業務に従事する場合と，専門教育を受け「意思決定に参加する秘書」（コ・ヒョソン他 1997）を明確に区別すべきだという秘書教育側および秘書教育修了者たちの強い意志があるものと思われる。

1970年代に，米国の秘書をモデルとして盛んになった日本の秘書教育も，ある時期までは「専門職としての秘書」を目標に，日本の秘書は専門職に向けての発展途上にあるとの認識のもとに行われていた。秘書がいかにすばらしい職業であるかを繰り返し説きながら，現実には秘書をモデルとして一般的な知識と事務技能を教授してきたのである。それはちょうど，日本の企業社会が大量の事務処理要員を必要とし始めた時期に重なっていた。ところが，1989年頃から，日本の秘書教育担当者の多くが漠然と抱いていた米国の秘書のイメージは，ほぼ次のように修正を迫られることとなった。

①米国の大学では，秘書コースは人気がないため，コースを他の名称に変えたり，秘書コースを廃止したりしたところが多い。

②米国の秘書教育の主たる担い手はコミュニティ・カレッジであり，その内容はスキル教育が主体である。

③秘書のソーシャル・ステイタスは低下している。

その後も，1990年から1993年まで，4回にわたって実施された全国短期大学秘書教育協会主催による海外研修団の報告書等において，同様の報告が繰り返された。

その頃を境に「秘書を専門職に」と唱える傾向は減少した。1991年，日

本秘書学会全国大会において会長の和野内 (1991) は「秘書教育に未来はあるか」と題する基調講演を行った。その要旨は以下のとおりである。

　　昭和 40 年代後半の高度成長期に盛んになった日本の秘書教育は，女子労働力の戦力化という産業界の要請により登場した。その内容は，良妻賢母型の教育をベースにした花嫁教育現代版のようなものであった。秘書という言葉がビジネス教育の代名詞になったのは，若い女性が秘書という職業にプラスのイメージを抱いているからである。しかし，そのイメージが未だに学生募集に有効であるという考え方は時代錯誤である。1980 年の文部省の秘書科設置認可と社会の資格志向によって，全国大学短期大学秘書教育協会に加入する学校は急増した。しかし，量的な拡大ばかりで，企業好みの女子社員を養成する"御用聞き現象"が見られるようになった。秘書という職務は，上役の補佐という特性がある。主体性が発揮できない，特別高級でもないような職務を，今の女性は敬遠する。今や社会は，秘書という職務を特別な，質の高い職務とはとらえていない。

　日本の秘書教育拡大の背景には，女子労働力の戦力化は欧米を習って「進化」し，それに従って秘書の需要は伸びるであろうという期待があったのであるが，日本の事務労働においては，作業組織の欧米化は起きなかったのである。そして，1993 年には，日本の秘書教育を牽引してきた全国短期大学秘書教育協会が全国大学・短期大学実務教育協会（現全国大学実務教育協会）となり，1996 年日本秘書学会も日本ビジネス実務学会と名称変更をした。名称変更を機に，日本の秘書教育は完全に専門職指向から脱皮し，秘書教育は当初から実はそうであったとおり，秘書をモデルにオフィス・ワークの効率化と最適化を教育するものと再認識されたといえる[8]。

　それに比して，韓国の秘書教育は先の大林大学の教育目標に見られるごと

8　最盛期には 16 の秘書専攻学科があり，協会加盟校は 593 校にのぼったが，2010 年現在の加盟校数は 241 校にまで減少している。

く，専門秘書の養成を目指すものであった。領域拡大を試みている梨花女子大学の場合にも，専門秘書は主要なものとして含まれてきたのである。森田 (1997) で示したように，韓国の秘書教育は，主として外資系企業に向けて優秀な人材を供給する一方で，日本の秘書教育が持っていたと同様の不確実性を持っていた。ユ／チェ (1994) はそれを，「秘書の概念が確立されていない」と表現し，その理由として次の4点をあげた。

①秘書という名称の乱用および誤用
②秘書固有職種の不在
③専門教育機関の不足
④業務の非専門性

第1点は，職務の明確ではない女子職員や雑務を担当する女子職員を，秘書と呼ぶことによって格上げし，同時に直属の秘書を持つことによって上司にも威信を与えるということが行われることがあり，秘書という名称の乱用が見られること，第2点は，秘書を固有の職種として採用するのではなく，一般女子職員の中で，来客応対にふさわしいと思われる人を選んで秘書として配置すること，長く勤務することがないため専門職としての連続性が欠けていること，第3点は専門大学における秘書教育がまだ始まったばかりで，専門秘書養成のための教育機関が不足していること，第4点は，秘書と呼ばれても高度の事務技術を持って各種の事務を処理するのではなく，一般的な雑務や接待を担当するに過ぎない場合があることを指している。

これらの点は，第3点を除いては日本の秘書についてしばしば論じられてきた点と全く同じである。それを，日本と韓国の秘書教育界は秘書を専門職として確立することで克服しようとしたのである。1993年，崔愛敬 (1993) は「秘書職の専門化のための方案」において次の7点を提示した。

①秘書使用者（最高管理者，経営者）および一般人の認識転換
②秘書職の固有職種としての認定と秘書資格試験制度の活性化
③秘書職の標準職務記述書の開発
④秘書教育の教育課程の改編および大学院の設置

⑤秘書職に従事する者の意識転換および能力開発
⑥専門秘書団体の活性化
⑦秘書職の倫理憲章

　その後の年月で，資格試験制度は韓国内に定着し（本章第3節参照），秘書学科は改編を重ね，大学院の設置も実現した。また韓国専門秘書協会は活発に活動を行っている。しかし，その他の点においては「専門化」はさほど進んだようには思えない。

　さらに近年においても，キム・ジェシク（2004）は「ビジネス・カレッジ学生の秘書職に対する態度」において，調査対象学生（専攻分野は秘書とは限らない）のうち，秘書職に対して肯定的な態度を持っているのは12.2％に過ぎないとした上で，秘書職に対するイメージを改善するために3つの提言を行った。第1は秘書職に対する広報活動の強化，第2はビジネス教育現場における秘書職に対する理解増進のための努力，第3は秘書職に対する採用慣行の改善である。第3の採用慣行に関しては，まず容貌重視問題，次に非正規化を取り上げ，「仕事は厳しいにもかかわらず待遇は劣悪」というのではなく，「専門職」であるという認識を持てるように，正規職としての採用慣行が定着するよう誘導する必要性があると主張している。秘書を「専門職として確立する」ことは秘書教育界の悲願ともいえるが，それはまた韓国において秘書の地位があいまいであること，高等教育において，中でもトップ・レベルの大学において秘書を養成することに，何らかの意味づけが必要であったことを示している。

2．専門大学秘書教育の有効性

　日韓双方において秘書教育が隆盛であった1995年，両国の秘書専攻課程修了者を対象としてアンケート調査を行った（95年卒業生調査）。秘書専攻課程修了者の就業状況，組織内での所属，業務内容，在学中に受けた教育およびその教育が現在の業務遂行に役に立っているかどうか等を知り，両国の秘

書教育が有効なものとなっているかどうかを明らかにするのが目的であった。ここでいう有効性とは，秘書専攻課程を修了したことが秘書としての入職に役立っているか，業務遂行上，役に立っているのか，収入や仕事が満足を得られるものとなっているか等を問うものであった。

　調査対象は，大阪と名古屋の2つの短期大学卒業生および韓国の3つの専門大学卒業生，卒業は1992年から95年である。日本側は，発送数1020，回答数160，有効回答率15.69%，韓国側は発送数240，回答数143，有効回答率59.58%である[9]。調査結果の概要は，表3-11，3-12にまとめた。韓国の秘書教育の入職時の有効性，業務遂行上の有効性については，以下のような結果が得られた。

(1) 入職時の有効性

　担当職務は，韓国では104名 (72.7%) が秘書と回答した。日本では160名中，秘書と回答したのは5名のみであった。日本ではどの職場にも秘書が存在するという状況ではないため，これはある程度予測できたが，韓国側の率の高さは予想外であった。韓国でも職種は確立しておらず，職務よりも人中心の採用をするといわれていたからである (93ページ参照)。なお，日本は一般事務職が102名 (63.8%)，あとは販売，営業などが続いた。

　所属部署については，韓国では77名 (53.8%) が秘書室・秘書課などの秘書部門であった。この77名は全員秘書である。次に多いのは総務の28名 (19.6%) である。日本では，表3-11には示していないが，2名が秘書部門に所属しているのみである。もっとも多いのは営業・販売の45名 (28.1%) である。

　この結果から見ると，秘書としての就業あるいは秘書部門への配属に関し

9　回収率に大きな差があるのは，回収方法が全く異なったことに原因がある。日本側は，返送してもらう方法しかとれなかったのに対して，韓国側は，授業の一環として，学生に卒業生の勤務先を訪問させ，アンケートの依頼と回収を行ったからである。

表 3-11 秘書専攻課程修了者のアンケート結果 (1)

		韓国	人	%	日本	人	%
勤務形態	正社員		126	88.1	正社員	132	82.5
	その他		3	2.1	その他	16	10.0
	無応答		14	9.8	無応答	12	7.5
	計		143	100.0	計	160	100.0
担当職務	秘書		104	72.7	秘書	5	3.1
	一般事務		34	23.8	一般事務	102	63.8
					その他	43	26.9
	無応答		5	3.5	無応答	10	6.3
	計		143	100.0	計	160	100.1
所属部署	秘書		77	53.8	営業・販売	45	28.1
	総務		28	19.6	総務	15	9.4
	経理		9	6.3	経理	15	9.4
	その他		29	20.3	その他	85	53.1
	計		143	100.0	計	160	100.0
秘書部門の存否	ある		91	63.6	ある	51	31.9
	ない		39	27.3	ない	98	61.2
	無応答		13	9.1	無応答	11	6.9
	計		143	100.0	計	160	100.0
秘書部門以外で秘書的業務に	従事している		37	56.1	従事している	41	25.9
	従事していない		18	27.3	従事していない	86	54.4
	無応答		11	16.7	無応答	31	19.6
	計		66	100.1	計	158	99.9
収入の満足度	非常に満足		9	6.3	非常に満足	5	3.1
	だいたい満足		20	14.0	だいたい満足	36	22.5
	どちらともいえない		59	41.3	どちらともいえない	27	16.9
	やや不満		33	23.1	やや不満	43	26.9
	非常に不満		11	7.7	非常に不満	24	15.0
	無応答		11	7.7	無応答	25	15.6
	計		143	100.1	計	160	100.0
仕事の満足度	非常に満足		5	3.5	非常に満足	8	5.0
	だいたい満足		36	25.2	だいたい満足	54	33.8
	どちらともいえない		62	43.4	どちらともいえない	32	20.0
	やや不満		30	21.0	やや不満	30	18.8
	非常に不満		6	4.2	非常に不満	14	8.8
	無応答		4	2.8	無応答	22	13.8
	計		143	100.1	計	160	100.2
転職	したいと思う		98	68.5	したいと思う	63	39.4
	思わない		40	28.0	思わない	39	24.4
					どちらともいえない	36	22.5
	無応答		5	3.5	無応答	22	13.8
	計		143	100.0	計	160	100.1
転職の経験	ある		37	25.9	ある	17	10.6
	ない		103	72.0	ない	122	76.2
	無応答		3	2.1	無応答	21	13.1
	計		143	100.0	計	160	99.9

注：各項目の割合は四捨五入しているため，合計が100%にならない場合がある。
出所：森田 1997: 24

表 3-12 秘書専攻課程修了者のアンケート結果 (2)

		韓国	人	%	日本	人	%
秘書検定		2級	65	45.5	2級	70	43.8
		3級	20	14.0	3級	54	33.8
		無応答	58	40.6	無応答	36	22.5
		計	143	100.0	計	160	100.0
検定資格を持っていることが就職時に		非常に役立った	6	7.1	非常に役立った	5	4.0
		少し役立った	23	27.1	少し役立った	48	38.7
		普通	17	20.0			
		あまり役に立たなかった	28	32.9	あまり役に立たなかった	49	39.5
		全く役に立たなかった	11	12.9	全く役に立たなかった	22	17.7
		計	85	100.0	計	124	99.9
検定資格を持っていることで社内でのメリットが		非常にあった	2	2.4	非常にあった	4	3.2
		少しあった	12	14.1	少しあった	26	21.0
		普通	11	12.9			
		あまりなかった	41	48.2	あまりなかった	47	37.9
		全くなかった	19	22.4	全くなかった	47	37.9
		計	85	100.0	計	124	100.0
検定資格を持っていることで秘書部門に配属になった		はい	21	27.3			
		いいえ	56	72.7			
		計	77	100.0			
検定資格を持っていない人との違いが		非常にあった	1	0.8	非常にあった	6	4.8
		少しあった	9	6.9	少しあった	33	26.6
		普通	10	7.7			
		あまりなかった	59	45.4	あまりなかった	42	33.9
		全くなかった	51	39.2	全くなかった	43	34.7
		計	130	100.0	計	124	100.0
役に立った科目（上位のみ）		OA実務	74		秘書実務	43	
		英会話	70		情報処理	33	
		秘書概論	63		日本語表現法	22	
		秘書実務論	62		秘書概論	19	
		文書管理	46		簿記	19	
		職場礼節	37		事務管理論	14	
		人間関係論	34				
秘書教育を受けたことが職場で		役立っている	118	82.5	役立っている	92	57.5
					普通	60	37.5
		役立っていない	12	8.4	役立っていない	7	4.4
		無応答	13	9.1	無応答	1	0.6
		計	143	100.0	計	160	100.0
秘書教育を受けたことが職場で		評価されている	108	75.5	評価されている	21	13.1
					普通	79	49.4
		評価されていない	19	13.3	評価されていない	49	30.6
		無応答	16	11.2	無応答	11	6.9
		計	143	100.0	計	160	100.0

注：各項目の割合は四捨五入しているため，合計が100%にならない場合がある。
出所：森田 1997: 25

て，韓国における秘書教育は日本とは比べられないほど有効に作用している。

(2) 業務遂行上の有効性

次に，秘書教育が業務遂行上有効に働いているかどうかである。図3-2は韓国の秘書の担当業務の重要度を尋ねた結果である[10]。違いを見るため，図3-3には他の事務職の担当業務の重要度を示した。両者を比較すると，上位2項目は変わらないが，秘書の3，4，5位に「上役のスケジュール作成・調整」「社内・上役間の連絡」「訪問・面会予約の調整」があがっている。この3項目は秘書の秘書たる所以ともいうべき業務である。この調査において秘書専攻課程修了者の多くが秘書として就業していたことについては，日本でいう一般事務従事者に，聞こえのよい秘書という呼称をつけただけではないかとの疑問を抱いていたが，秘書は秘書としての業務を担当していることを，これにより確認することができた。

表3-12からもわかるように業務を遂行するに際して役に立った科目としては，秘書概論の他には実務的な科目が上位にあがっている。秘書教育を受けたことが職場で役立っていると思うかという質問に対しては，82.5％（日本57.5％）が「役立っている」と回答している。秘書教育を受けたことが職場で評価されていると思うかという質問に対しては，75.5％（日本13.1％）が「評価されている」と回答している。回答者の経験年数が3年以下であることから考えると，ここに表れた業務内容はその範囲内のものと考えなければならないが，これらの点においても，当時韓国の秘書教育は，日本に比べて有効なものとなっていたといえる。

10　回答は「大変重要」「まあ重要」「普通」「あまり重要でない」「重要でない」の5つから選択してもらった。回答数に重要度の高いものから順に，5，4，3，2，1を乗じて重要度ポイントとした。秘書職の重要度の最高値は520，事務職の最高値は170である。

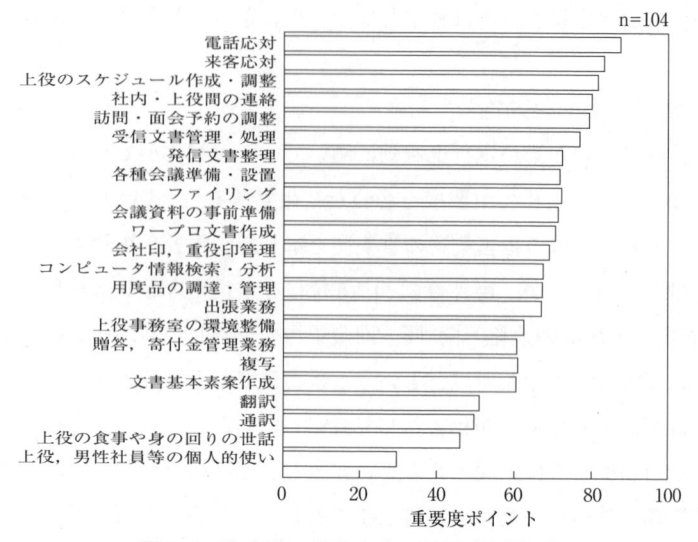

図 3-2　秘書職の業務内容の重要度（韓国）

出所：島本他 1997b: 46 より作成

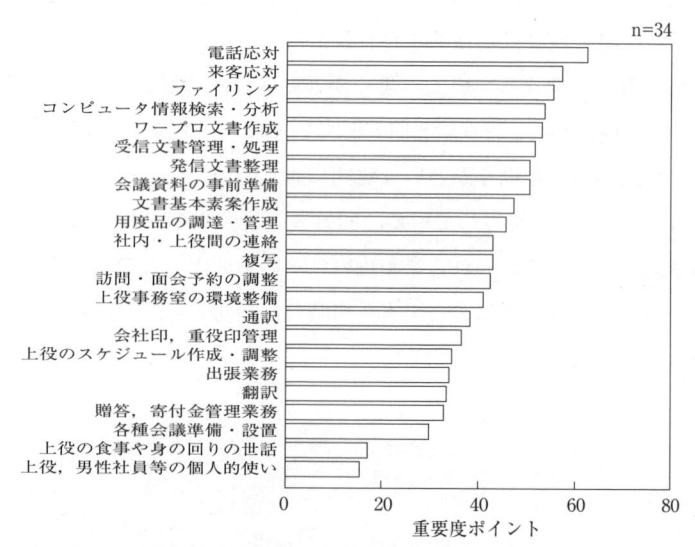

図 3-3　事務職の業務内容の重要度（韓国）

出所：島本他 1997b: 48 より作成

3. 検定試験と職業資格

　この調査では，秘書資格試験についても尋ねている。日本では1973年から文部省認定の秘書技能検定試験が，韓国では1992年から労働部認定の国家技術資格検定秘書2級および3級が実施されてきた。この検定試験を労働部認定とするにあたっては，秘書教育側の強い意志があったとのことである（梨花女子大学秘書学科教員への聞き取りによる）。筆記試験は必須であるが，実技試験は3種の検定試験（コンピュータ活用能力，ワードプロセッサー，速記）に合格していればよいと定められている。筆記試験は「秘書実務」「経営一般」「事務英語」「事務情報管理」の4分野にわたる[11]。2009年の受験者数は6497名，合格率は全体で53%である（韓国商工会議所への聞き取りによる）。うち，1級は受験者数1676名，合格者数506名，2級は受験者数4095名，合格者数2434名，3級は受験者数726名，合格者数503名である。

　95年卒業生調査では，韓国の回答者のうち2級を取得しているのは65名(45.5%)，3級は20名(14.0%)，日本では回答者のうち70名(43.8%)が2級を，54名(33.8%)が3級を取得していた（表3-12）。検定資格が就職時に役立ったかという問いに対して，韓国では「非常に役立った」と「少し役立った」が合わせて29名(34.2%)，「普通」が17名(20.0%)，「あまり役に立たなかった」と「全く役に立たなかった」が合わせて39名(45.8%)と，さほど役に立ったとはとらえられていない。これは日本でも似たような状況で，「非常に役立った」と回答したのは5名，「少し役立った」も合わせると53名(42.7%)となるが，「全く役に立たなかった」と回答したのは22名(17.7%)，「あまり役に立たなかった」と合わせると71名(57.2%)となる。日韓とも役に立たなかったとする回答の方が多い。

11　1級試験が設けられるまでは長らく，IAAPの実施する秘書資格試験（Certified Professional Secretary, CPS）を受験することで代替していた。

検定資格を持っていて会社内でメリットがあったかという問いに対しては，韓国では「非常にあった」と「少しあった」を合わせて14名（16.5%），「普通」が11名（12.9%），「あまりなかった」と「全くなかった」を合わせると60名（70.6%）にのぼり，日本では「非常にあった」と「少しあった」を合わせて30名（24.2%），「あまりなかった」と「全くなかった」を合わせると94名（75.8%）にものぼる。日韓とも会社内でメリットがあったと感じている人は少ない。

　秘書資格証を持っていることで秘書となった，あるいは秘書部門に配属になったと思うかという問いに対しては，「はい」が21名（27.3%）にしか過ぎず，「いいえ」が56名（72.7%）であり，秘書資格証の有無が配属に影響したと考える人は少ない。

　検定資格を持っていることで持っていない人と違いがあるかとの問いには，韓国では「全くなかった」と「あまりなかった」という回答が110名（84.6%）に達する。その理由としては資格証に対する社会的認識がまだ広まっていないことがもっとも多くあげられ，取得者と未取得者の間に差がないこと，資格証が秘書業務に役に立たないことがそれに続く。日本では「非常にあった」と「少しあった」を合わせて39名（31.4%），「あまりなかった」と「全くなかった」を合わせて85名（68.6%）である。検定資格を持っていることによる違いとして，具体的には，電話応対・来客応対・文書作成等の役に立ったこと，仕事に対する考え方・取り組み方が違うことなどがあげられている。なお，日本では所定の単位を取得したものに対して，現在の全国大学実務教育協会が「秘書士」の称号認定証を発行してきた[12]。これについても検定資格と同様の質問を行った。「秘書士」の資格が就職時に役立ったかという質問には，「非常に役立った」と「少し役立った」を合わせると51名（35.2%），「あまり役に立たなかった」と「全く役に立たなかった」を合わせると94名（64.8%）である。会社内でメリットがあったかとい

12　その後資格の種類は増え，2010年現在22種類の資格を認定している。

う問いに対しては「非常にあった」と「少しあった」を合わせて22名(15.2%),「あまりなかった」と「全くなかった」を合わせると123名(84.8%)にものぼる。「秘書士」称号を持っていることで,持っていない人と違いがあるかという質問には「非常にあった」と「少しあった」を合わせて29名(20.3%),「あまりなかった」と「全くなかった」を合わせて114名(79.7%)である。いずれの数値も検定資格に関するよりさらに低く,「秘書士」称号が役に立ったと考える回答者は非常に少ない。

　2005年の事務職聞き取り調査(2)では,大林大学秘書行政科出身の23名中半数は,ワード2級および秘書検定2級を取得しており,いずれか一方も含めるとさらに6名が取得している[13]。その大半が入職時に役立ったと回答している。回答者のほとんどが現在あるいは過去に秘書として働いていたが,入職に効果があったのは秘書検定の資格よりも秘書行政科卒であった可能性も高く,日本同様検定資格取得の明確な効果は確認することができなかった。

　韓国の秘書教育は,解放後梨花女子大学で始められたのに端を発し,その後80年代からは専門大学でも広く行われるようになった。日本では秘書の需要のないところに教育側が先導することによる需要開拓の期待も込めつつ,大量の秘書教育修了者を送り出したのであるが,韓国においては日本ほどには需給の不一致は見られず,ここで紹介した調査の時点では少なくとも,秘書教育は日本に比べはるかに有効なものとなっていた。韓国の秘書教育が目指してきたのは,「専門秘書」の養成であり,「単純業務」ではなく,「意思決定に役立てる」秘書である。それは逆に,社会での認識が「単純業務」に傾く場合のあることを示している。

　韓国の秘書教育にとって,梨花女子大学秘書学科という存在は大きな意味を持っている。外国語能力に長け,事務処理能力も高く,国際的教養を備え

13　同学科は1994年設立のため,回答者は卒業後1年目から10年目の間である。

た梨花女子大学秘書学科出身者たちの姿は，韓国の秘書のモデルとなったばかりでなく，社会で働く女性のひとつのモデルとなり得るものであった。同時にトップ・レベルの女子大で養成した秘書は，「単純業務」に甘んじる存在であってはならず，秘書の「専門性」は強調されなければならなかったのである。ただし，長く目標としてきた米国の秘書の地位の低下，性別分業に否定的な社会意識の広がり，女性の職域の広がりなどにより，梨花女子大学では相次ぐ改編を迫られている。一旦は女性の社会進出を促すと見えたものが，却って女性の職業的地位達成機会を狭めるものととらえられるに至っているのである。これら秘書の企業社会における位置づけについては，第4章において明らかにする。

【資料3-1　梨花女子大学経営大学国際事務学専攻】
沿革：国際事務学専攻は国際事務環境において専門的知識と事務能力を備えた女性専門職を必要とする時代的要請に応じて，1968年法政大学秘書学科として創設された。

　1997年3月一般大学院修士課程が新設され，専門大学および4年制大学の秘書教育関連学の教授を多数輩出している[注]。1999年より経営学専攻と共に経営大学として分離し，2006年には専攻名を国際事務学，英文専攻名はInternational Office Administrationと変更した。

教育目的と目標：国際事務学専攻は<u>グローバル環境において他文化を理解し，能動的に交流しつつ，組織経営と事務運営能力，職業意識と倫理意識</u>，コミュニケーション能力を備えた専門職業人を養成する。
　教育目標は次のとおりである。
　1. 与えられた課題を成功的に遂行できる積極的態度，職業意識と業務能力を養成する。
　2. グローバル組織内の構成員間の効果的なコミュニケーションを可能にするビジネス・コミュニケーション能力を養成する。
　3. 組織のウェブ情報を含む多様な形態の情報を組織・保安・管理する能力を養成する。
　4. 組織内外の各種会議および国際行事を企画・組織・管理できる能力を養成する。

専攻紹介と特性：国際事務学専攻はグローバル情報社会が要求する高度な総合能力を備えた事務管理専門家を養成することを目標とする。事務管理専門家とは専

門秘書を含み，プロジェクト・マネジャー，ウェブ情報企画管理者，コミュニケーション専門家，国際会議専門家，同時通訳者，コンサルタントなど多様な職種を含む。専攻生らは国際関係の理解，国際事務学，秘書実務論，国際会議企画および管理，ウェブ情報管理，データベース管理，対人間・文化間ビジネス・コミュニケーション，語学，経営学諸般科目など多様な実用学問の知識を積みながら，問題解決および意思決定能力，企画能力を育む。実用的な学問を教育すると同時に，人格教育を強調し，職業倫理と道徳性を兼備しながら，組織内外の情報およびコミュニケーションを統合運営管理する能力を備えるようにする。実務と連結した教科目は社会的需要により絶えず補完されており，休暇期間中国内外インターンシップも多数提供して，在学中に実務能力を備えるようにし，学科で運営する国際会議企画運営センターの多様な国際会議と文化行事のインターンシップを通し，国際的な見識を育くんでいる。

　国際事務学専攻卒業者らは現在各企業体および機関の専門秘書職，一般職，専門職など多様な分野で活動している。女性専門職の社会進出が振るわなかった1970年代初期から国内外企業および機関で活躍することによって同窓間の人的ネットワークが構築されており，在学生の社会進出にさらに機会を多く提供している。国際事務学専攻は専門秘書職従事者らの教育指導者的役割を遂行している。専門大学秘書教育関連学科の教授要員需要が増加したため，実務経験を積み，修士学位取得後大学教授としての進出も活発で，既にその数が80人あまりに達している。

注：経営大学ウェブサイトでは1996年。
出所：梨花女子大学 2007年3月4日

【資料3-2　過去の調査リスト】

調査時期	略称	調査名	調査対象
1994年10-11月	94年10社調査	韓国企業における秘書業務に関する質問紙調査	10社
1995年8月	95年聞き取り調査	韓国企業における秘書業務に関する聞き取り調査	3社
1995年10-12月	95年卒業生調査	日韓共同研究 秘書専攻卒業生調査	日本2校 韓国3校
1996年8月	96年聞き取り調査	韓国財閥系企業における組織と秘書業務聞き取り調査	5社
1996年8月	96年質問紙調査	韓国財閥系企業における組織と秘書業務質問紙調査	8社
1997年8月	97年聞き取り調査	韓国財閥系企業における組織と秘書業務聞き取り調査	6社
1999年8月	99年慶弔行動質問紙調査	韓国企業の慶弔行動に関する質問紙調査	7社

1999年8月	99年慶弔行動聞き取り(1)	韓国企業の慶弔行動に関する聞き取り調査	3社
1999年8月	99年慶弔行動聞き取り(2)	韓国企業の慶弔行動に関するグループ・インタビュー	4社
2004年8月	女性事務職聞き取り(1)	韓国の女性事務職に見るキャリア開発とワークライフバランス	11名(3社)
2005年3月	女性事務職聞き取り(2)	韓国の女性事務職に見る「機会」とその選択行動	22名
2005年3月	女性事務職質問紙調査(1)	韓国の女性事務職に見る「機会」とその選択行動	16名
2005年8月	女性事務職質問紙調査(2)	韓国の女性事務職に見るキャリア開発とワークライフバランス	128名

第4章
韓国における秘書の位置づけ

　この章では，韓国において，企業の側が秘書および秘書部門をどのように位置づけているかについて論じることが目的である。主として，90年代に実施した実態調査（資料3-2）に基づき，当時における韓国の秘書の実相を明らかにしていくのであるが，それに先立ち，それらの規定要因として「韓国的経営システム」というものがあるとすれば，それはどのようなものかについて考察する。また，秘書の必要性と専門性を企業の側がどう認識しているか，女性秘書をどのように位置づけているかについても論じる。

　なお，秘書の位置づけやとらえ方は異なる文化のもとでは異なったものとなっているため，前提となる諸事情を共通認識としておく必要がある。

1.「韓国的経営システム」

　韓国の経営について語る時には「儒教」と「財閥」ですべてが説明できるように考えられがちであるが，人の作った社会はそれほど簡単なものではない。Chan Sup Chang & Nahn Joo Chang (1994) は日本・韓国・米国の経営システムをそれぞれの文化的背景から論じ，その特徴を表4-1のようにまとめた。

　韓国は1910年に日本の統治下に入り，第2次世界大戦が終結して日本から解放されるまでの36年の間に，日本人によって近代的な経営システムがもたらされた。それは西洋的であると同時に日本的であり，この間に韓国に日本的経営システムが取り入れられたといわれる。そのため，日本的経営シ

表 4-1　日本・韓国・米国の経営システムの特徴

	日本	韓国	米国
意思決定	総意，稟議制	総意，修正を伴う稟議制	個人による，または多数決
雇用の継続	終身雇用	終身雇用	保証なし
個人主義対集団主義	チーム・スピリットが極度に重要	チーム・スピリットと個人主義が同等に強い	個人主義に固執
忠誠心または献身	極度に強い	非常に強い	さほど重要ではない
年功	極度に重要	非常に強い	強い
移動	固定	柔軟な移動	自由な移動
経営陣への昇進	もっぱら内部昇進	おおむね内部昇進	外部と内部両方
フォーマルな評価	さほど重要ではない	さほど重要ではない	決定的
リーダーシップのスタイル	権威主義的・家父長的	権威主義的・家父長的	おおむね参加的
報酬	年功序列	年功序列	おおむね業績評価
政府とビジネス	密接な関係と協力	密接な関係と協力，ただし政府による指示が多い	直接の関係はなし
職業倫理	儒教的職業倫理	儒教的職業倫理	プロテスタント職業倫理
組織のモットー	和	和または団結	利益

出所：Chang & Chang 1994: 140 より訳出

ステムと韓国の経営システムは多くの共通点を持っているが，それでもなお，韓国の経営システムはその文化的背景の影響を受け，独自の性格を持っている。

　一方，韓国企業の創業者たちは二世の教育に熱心で，特に米国での教育に力を入れてきた。二世たちは米国流の経営感覚を持っており，このような感覚は日本人より米国人に近いともいわれる韓国人に，違和感なく受け入れられているものと思われる。近年の韓国の経営システムは，表 4-1 に示されているように，日本の伝統的な経営システムと西洋的な経営システムの混じり合ったものであった。

　深川は『韓国・先進国経済論』(1997) において，韓国の経営を「非日本的

経営・非米国的経営」と呼び，次のように説明した。年功序列の賃金体系・遅い昇進—長期雇用—企業特殊技能という関係が，補完的に成り立っている日本企業に比べ，韓国ではこれらにやや矛盾が見られる。年功序列体系・昇進についてはおおむね日本に近いにもかかわらず，長期的雇用慣行はあまり育たなかった。地縁，血縁，学閥などの人的つながりにより職場を移ることが少なくない。年功序列賃金・昇進と企業特殊技能の関係については，韓国企業にも年功序列・昇進による熟練形成インセンティブは存在する。インセンティブ自体は企業特殊技能にプラスなものであっても，オーナーへの人事権集中度の高い「財閥」系大企業では，客観的基準による人事考課制度を作り運用するのは特に難しい。主要な経営ポストには多数の一族が参加していて，「先が見える」事態の出現を想定した場合，外部労働市場があるにもかかわらず企業特殊技能に執着するのは，かえってリスクが高い。企業特殊技能と長期雇用慣行を考えると，日本型では企業特殊技能を持つ労働者は，収入が十分補填されている限り，他社に移らない方が有利であり，特殊技能形成にかなりの投資を投じた企業から見れば，簡単には代替の効かない特殊技能者を長期雇用するインセンティブがあった。それに対し企業特殊技能の希薄な韓国の労働者は，他社に移ったところで不利にはならず，企業側にしても人件費が安価なうちは教育投資の機会費用も少ないので，長期雇用に執着し賃金をあげてまで引き留めるインセンティブはなかった。

つまるところ，韓国企業の年功序列賃金・昇進は，雇用システムや企業特殊技能とはあまり補完性を持たないまま，むしろ儒教的風土や高成長期という環境要因によって維持されてきたと考える方が自然である。

しかし，韓国のシステムは米国型システムの整合性を持っているわけではない。年功序列・昇進が主流であったから，考課における個人の業績や能力査定の比重は相対的に低く，厳密に外部労働市場が勤務評定を通じて次の移動先に対し，正しい労働者の価値を判断できていたかどうかは不明である。その他の点をとってみても，韓国の経営システムは日米の部分部分を韓国の風土に接ぎ木したものであり，制度間が必ずしも適当な補完性を持って機能

していないとした。

さらに，Min Chen（1998: 244）によれば，韓国企業の経営スタイルには第1に儒教が，第2と第3に日本と米国が重要な影響を及ぼしたという。植民地時代に日本の影響を受けた後，45年以降日韓の関係が正常化されるまでは，米国の影響が日本の影響を上回っていた[1]。それ以降は両国と緊密な関係を築いてきたため，両国の影響を同じように受けてきた。Sang M. Lee & Sangjin Yoo（1987）はこれらの影響のもとに形作られた，トップダウンによる意思決定，温情的なリーダーシップ，家族による経営，仁和（調和志向の文化的価値），柔軟な終身雇用，個人的忠誠，年功に基づく報酬および人事考課，頻繁な労働移動，コングロマリット化による企業の拡張などを含む韓国流の経営を「Kタイプ・マネジメント」と呼んだ。これらの点はChang & Chang（1994）のあげた特徴に重なる部分が多く，ここではコングロマリット化による企業の拡張を含めた各点を「韓国的経営システム」の特徴ととらえることとする。

もちろん，表4-2に示されているように，通貨危機を経て様々な変化が生じている（尹大栄 2005: 69）。通貨危機後は，主として米国の企業経営の影響を受けつつも，韓国の経営システムが持つ独自性は色濃く残存している。以下，韓国的経営が韓国における秘書の位置づけをどのように規定しているかに留意しつつ，論じることとする。

2. 企業秘書の実相

第3章で示したように，韓国においては秘書専攻課程修了者の多くが秘書として就業している。一方で教育界は，秘書が職種として確立されていないこと，秘書に対する認識があいまいであることを問題視し，秘書の専門性の確立を希求していることも確認した。それでは，秘書として就業している卒

1　日本の影響については，戦後の復興期において後発の韓国企業が日本企業の制度を多く取り入れたことが影響しているという見方もある（尹大栄 2005: 86）。

表4-2　韓国企業の経営システムの変容と特徴

	現在		従来（金融危機以前）
経営目標	利益重視	←	規模・成長重視
	短期利益確保が優先	←	成長の結果としての利益
	経営における短中期的視野	←	経営における長期的視野
戦略特性	直観と分析のスパイラル	←	直観と分析のスパイラル
	経営資源の内部開発重視	←	資金・技術の外部調達
	選択と集中	←	非関連多角化
	非収益事業からの機敏な撤退	←	既存事業からの撤退は稀
	国際化志向	←	国際化志向
組織特性	トップダウン経営	←	トップダウン経営
	意思決定に対するオーナー経営者直属のスタッフ部門の強い影響力	←	意思決定に対するオーナー経営者直属のスタッフ部門の強い影響力
	事業ユニットの限定的な独立性	←	事業ユニットの非独立性
管理特性	「平生職場」（終身雇用）保障の崩壊	←	「平生職場」（終身雇用）を重視
	成果主義賃金制度の徹底	←	年功的要素の賃金制度
	OJTを基本としながら，Off-JTも重視	←	OJT重視の人材育成
	スペシャリスト志向	←	ゼネラリスト志向
	非公式的な情報交換	←	非公式的な情報交換
	社内外への積極的な情報開示	←	情報開示には閉鎖的

出所：尹 2005：69

業生たちは，日本でいう一般事務従事者に聞こえのよい秘書という呼称をあてがわれただけなのかというと，これも第3章図3-2, 3-3で示したように，秘書職にあるものは秘書の職務として特徴的な「上役のスケジュール作成・調整」「社内・上役間の連絡」「訪問・面会予約の調整」を重要度の高い業務内容としてあげており，単に呼称をあてがっただけとは考えにくい。それでは韓国では秘書が職種として確立したものとなっているか，あるいはオフィスの職務構造が秘書を必要としているかというと，それには疑問が残る。韓国では，ある程度の地位になると，威信表示の手段として運転手と秘書が配備されるという（専門大学秘書教育担当者への聞き取りによる）。それは小さな企

業でも同様，あるいはさらに顕著であり，検証するには至っていないが，それが韓国における秘書の需要を形成していると考えることも可能である。さらにそのことが，韓国における作業組織を秘書を必要とするものへと変形させた可能性も否定できない。

では，実際に韓国の企業において秘書がどのように配置されているかを，実態調査に基づいて確認してみよう。それに先立って日本の状況について述べておくと，日本の企業等において秘書がどのように配置されているかについては，1980年代から90年代前半，日本の秘書教育が盛んであった頃に，多くの実態調査が明らかにしてきた。そこでは主として欧米の秘書との比較が行われ，もっとも大きな違いとして欧米型の秘書は個人が個人を補佐するのが基本形であるのに対して，日本企業では秘書課，秘書室等の秘書部門が設置され，秘書集団が役職者集団を補佐する場合のあることが注目された。以下，韓国企業における秘書の配置，業務内容とその分担等について詳しく述べることとしたい。

(1) 企業秘書の配置状況

表4-3は，1994年に実施した企業調査（94年10社調査）の結果をまとめたものである。この結果から，以下のようなことが確認できた（森田 1997）。

①秘書は，a.独立した秘書部門，b.総務課のようなスタッフ部門，c.各事業部に配置されている。

②a.独立した秘書部門があると回答している企業は，規模の大きい方から6社である。

③これらの企業では，A社以外では同時に秘書部門以外にも秘書が配置されている。

④比較的小規模の3社では，b.総務課のようなスタッフ部門に秘書が配置されている。

⑤a.独立した秘書部門およびb.総務課のようなスタッフ部門では，複数の役職者を補佐している。

表4-3 94年10社調査

対象企業	業種	従業員数	秘書部門	秘書部門がある場合				秘書部門以外にも秘書がいる場合				秘書部門はないが他部門で秘書的業務を行っている場合					秘書部門がなく単数で秘書業務を行っている場合			
				秘書部門名	役員数	秘書部門の役職者数	所属人数	秘書のいる部門名	役員数	秘書のついている役職者の職名	専任兼任の別	部門名	役員数	秘書のついている役職名	秘書人員	専任兼任の別	所属部門名	役員数	秘書のついている役職者の職名	専任兼任の別
A社	通信	524	有	役員室	7		男性1 女性2	会長室, 社長室, 監査室			専任									
B社	火災海上保険	1,150	有		9	4	男性3 女性3													
C社	火災海上保険	2,300	有	秘書室		3	男性1 女性2	理事室, 常任監査室		理事, 監査	兼任									
D社	電力	35,000	有	秘書室	14	1	男性8 女性4	人事管理処		監査, 部署長, 専務, 処長	専任									
E社	総合商社	900	有		本社12	5	男性1 女性4	各部門		各部門役員	兼任									
F社	火災海上保険	560	有	総務部総務課	12	4	女性4	役員室			専任									
G社	人材派遣業	297	無									総務部管理課	18	代表理事	男性2 女性2	専任2 兼任2				
H社	アパレル	155	無									総務部	5			兼任2				
I社	貿易	12	無									貿易	3			兼任2				
J社	商社		無														事業部	1	事業部長	

出所：森田 1997: 14 より作成

⑥それには，専任の場合と兼務の場合がある。
⑦c.各事業部に配置された秘書は，各事業部の長を補佐する。
⑧秘書部門の構成は，秘書部門の管理職とその他の構成員からなる。

以上はすべて，日本の企業における秘書の状況と共通しており，この10社に関する限り，日本の企業秘書と類似した状況にあることが判明した。

韓国専門秘書協会では，会員の資質向上に資するため，そのウェブサイトに「秘書概論」と「秘書実務」のページをおいている。そこでは，「所属形態にともなう秘書の分類」として次の6種類をあげている（韓国専門秘書協会 2006年8月25日）[2]。

①チーム所属秘書：組織系統上，秘書課（室）に所属する秘書。秘書課長や室長の指揮と統制を受ける。

②個人秘書：最高管理者，重役など特定の1名に所属する秘書。所属した上司個人から直接命令を受けて仕事をする。

③複数型秘書：2名以上の重役や上司に所属する秘書。何人かの上司から指示を受ける。

④部署所属秘書：営業部，総務部，研究部あるいはプロジェクトチーム全体に所属した秘書。所属部員全体を補佐するので，通常の秘書とは異なる。

⑤業務秘書：秘書の業務と異なった固有な業務を並行して行う秘書。営業所や出張所の場合，所長の秘書が経理社員を兼ねる。

⑥臨時秘書：本来の秘書が休暇あるいは欠勤の場合に，他部署から派遣されてきて秘書業務を遂行する秘書。

上記の分類は異なるカテゴリーのものを同列に配しているため，これを整理すると以下のごとくである。①，②，④は上記のa.独立した秘書部門，b.総務課のようなスタッフ部門，c.各事業部のいずれに属しているかによる分類である。②，③，④は補佐対象が単数か複数か，あるいはグループかによ

---

[2] 他に「専門分野にともなう分類」として，企業秘書，公共機関秘書，教育研究秘書，医療秘書，法律秘書，会計秘書，宗教秘書，政治家秘書，「業務内容や序列にともなう分類」として案内秘書，書記秘書，行政業務支援秘書，文書事務秘書，首席秘書をあげている。

る分類である。OA機器が普及したことおよびコストを削減する必要から，補佐対象が単数というケースは韓国に限らず，よほどの高位の役職者にしか見られなくなっている。⑤の業務秘書は日本では兼務秘書と呼んでいる。秘書専任か兼任かによる分類である。⑥は文字通り臨時に秘書を務める場合である。

秘書部門の有無について，第3章で紹介した95年卒業生調査では，韓国では91名（63.6%）が勤務先に秘書部門が存在すると回答した。日本側は51名（31.9%）である。韓国では調査対象の専門大学がソウルとその近郊にあるため，回答者の所属先は，本社機構が多くを占めている可能性がある。一方，日本の方は，調査対象の短期大学が大阪と名古屋にあるため，本社機構ではない可能性が高い。島本他（1980）に示されているように，日本企業においては比較的規模の大きな企業の，しかも本社機構に秘書部門が設けられる傾向にある。この調査の範囲内では，韓国の方に多くの秘書部門が見られた。

なお，日本でもそうであるように，外資系企業における秘書は，国内企業における秘書とは異なって，個人として個人あるいはグループをサポートする欧米型を踏襲している。

(2) 企業秘書の業務内容とその分担

次に，上記のような秘書が担当している業務内容と，その分担状況を明らかにする。最初に示すのはN社秘書の業務用チェックリストとマニュアルである。この秘書は，以前はグループ内他社の社長秘書であったが，社長の異動とともにN社に移り，社長が顧問となったのに伴い，顧問秘書となった。このように上司の異動に伴って自らも異動し，上司の昇進に伴って秘書としてのランクが高くなるというのが，個人秘書のキャリア・パスのひとつの典型である。表4-4, 4-5, 4-6は調査当時のN社秘書の主要業務，日中業務，年中業務を示している。

表4-7も，1994年の企業調査（94年10社調査）の結果である。調査対象の

表 4-4　秘書の主要業務（概括）

1. 時間管理業務
   業務遂行時に起こりうる妨害要素を遮断，除去し，時間を調節する。
   ◆スケジュールの計画，進行，管理
   ・面会，報告などの各種の約束を arrange する。
   ・個人的なスケジュールを管理し，前もって準備する。
   　場所の予約，golf booking，車両準備など
   　1日のスケジュール表を作成し，業務時間の前に報告し，それに従う。
   　日程を進行，管理する（訪問客，会議出席，取引先の約束など）。
   ・月間計画書の作成
   　月例会議／会社の主要行事／来客の予定／国内外の出張計画
   　他部署の役員との業務交流時の重要内容
   ・週間計画書の作成
   　月間計画に依拠する。
   　毎週末日に次の週の役員の日程計画を樹立および関連部署に通報。
   　役員の日程の変動時に関連部署に通報。
   ・関連部署に知らせて業務に参考になるようにする。
   　（経営支援室長，総務チーム，企画チーム，支店巡視時の営業企画チーム）
   ＊作成時備考欄に日程計画中特に重要な事項や注意する事項，役員からの特別指示事項も一緒に記載する。
   ◆執務環境の整理
   ・執務環境や事務備品などを管理する。
   　OASIS, SINGLE, MIS など，office machine を最新バージョンで維持する。
   　経済指標，日報，週報，グループおよび当社の annual report などの基本資料を具備する。
   　カレンダー，照明，筆記具，植木鉢，温度，電源，その他事務備品などの基本的環境を点検する。
   　（注意！植木鉢類：××開発　週1回管理，温度，照明：ビル管理事務所）
   　個人所蔵品（個人印鑑，通帳，嗜好品，印鑑証明書，住民登録謄本）
   　（注意！代表理事の場合，当座取引により印鑑証明書の余裕分を保管要望）
   ◆一般庶務業務の代行
   ・上司に代わって会計などの庶務業務を処理する。

2. 情報管理業務
   上司の情報管理を補佐する。
   ◆必要な情報の生産，加工
   ・文書および報告書を作成する。
   　文書や資料などの要点整理
   　社内文書，ビジネス文書，報告，各種書信の作成
   ・各種情報を収集，加工する。
   ・翻訳や通訳を行う。
   ◆情報の伝達
   ・文書を取り扱う。
   　秘密文書の取り扱い
   　社内外文書の受発信
   ・各種郵便物を収集，性格に合わせて処理する。
   　開封，注釈つけ，整理，報告，事後処理
   ◆情報の保管，利用
   ・分類基準に従って文書を整理，保管，保存，廃棄する。
   　上司の指示による上司の filing system，必要に合わせた秘書の filing system を維持，発展
   ・情報を蓄積，検索する。
   　新聞，雑誌などのスクラップ
   　訪問日誌，面会簿などの整理，保管，検索
   　重要社内外行事に対する記録や写真を整理
   ・各種情報機器（コンピュータ，通信機器など）を使用する。
   　データベース構築
   　データバンクなどの利用

3. 人間関係の管理業務
   上司の人間関係を補佐する。

◆人脈管理
・上司と関連する個人個人の情報を記録して検索する。
　取引先の名刺および名簿管理，データベース化
　（注意！ TOPICS，E2，アラジンチップ，その他専用ソフトウェアの中で検索可能で出力形態が自由なものを選んで up-date しておかなければならない。）
◆交際の業務
・慶弔情報を収集，確認，連絡し，慶弔電報を発信する。
・行事を案内する。
・招待状の回答を作成，発信する。
・仲秋，年末，年次贈り物を購入，管理，発送する。
・年賀状および各種案内状を発送する。
◆対外関係および取引先の窓口
・来客応対や電話応対
　案内，応対／伝言伝達／役員に代わって内容伝達
　（注意！外部を優先対応の原則。お茶を出したりメモを伝える時にはノックしません。どこのどなたであるのかを明確に報告し，案内することが重要です。）
・外部要請（面会，講演，原稿の依頼など）の処理
・業務上の取引先の開発管理

4. 会議出張関連業務
　上司の対外的な業務を補佐する。
◆会議関連業務
・会議の準備と運営
　案内状の作成，発送
　参加者の名簿作成
　会議場の選定，予約
　各種備品（スクリーン，ビームプロジェクター，OHP，DAT Recorder など）の準備
　会議時に必要な資料の作成と配布
　飲み物の準備，車両配置，駐車券などその他の準備の点検
　（注意！駐車券は印鑑を押したものが30分，追加青色30分まで無料。VIP の場合赤い印鑑が押してあるものは自由追加が可能です。問い合わせ：総務チーム）
・会議結果の整理と指示事項の follow-up
・会議記録の保管（テープあるいは会議録）
　（注意！企画チームに行けば役員会議の案件資料がファイリングされていますが，後回しにしないできちんきちんとすれば，後になってからの不意の点検にひっかからなくてすみます。）
◆出張関連業務
・訪問先，出張先と日程を事前に協議
・旅券および VISA，マイレージカード，その他の準備の平素のチェック
・出張日程表の作成および報告
　宿舎の予約，空港の TICKETING，出入国カードの作成
　最終出張日程の報告
　技師に出発時間および該当空港など移動計画を通報
・出張関連の各種資料の整備，情報の記録
・関連部署（主に総務と国際チーム）との cross-check（儀典および日程）
・出張中および前後の業務の処理
・出張経費の処理
・不在時の業務処理
　受信文書の処理／外部電話の受付処理／緊急時の現地への連絡
　主要日々報告の送付

5. 受命業務
　上司からの特命事項を処理する。

出所：N社秘書提供による（韓国語）

表 4-5　日中業務 check list

時間	業務	check
出勤前	新聞および広報チーム　スクラップ setting 日程検討，報告および資料準備 OASIS, SINGLE および使用ソフトウェア作動完了 放送準備（社内放送：有線4回，市況放送：有線12回） 飲料（ミネラルウォーターやヨーグルトなど）準備 靴および当日使用の雑備品整理	
午前	当日日程 confirm（場所，時間，陪席，随行，儀典可否） 当日日程を記事室に通報（週1回，日1回を定期的に，定時に） 前日の電話通話要望者 check 連絡 前日の業務未完了の件 check 完了 上司からの受命課題完了 各部署の要望事項完了（週内スケジュール送付―企画チーム，総務チーム，人事チーム，経営支援室長） 会議室のスケジュール管理 社内，社外の慶弔時の確認および処理 会計処理（月3回） 午餐の約束 arrange および確認	
午後	日程 arrange 外部からの要請事項処理（RSVP，原稿，履歴書送付，各種請託） 役員会議の録音処理（週1回） 郵便物の処理，annotation，報告，処理 当日発生 filing 名刺整理（名刺つづりおよび PC：週1回） 翌日の日程および資料の報告様式 check および準備 翌日の会議案件および資料の報告（社長団会議，K小グループ社長団会議，役員会議） 晩餐および特別日程の管理	

出所：N社秘書提供による（韓国語）

表 4-6　年中業務 check list

		業務内容	check
上半期	1月	○各種　新年賀礼式の確認 ○経営戦略会議 ○車両備置連絡網および小品点検	
	2月	○前年度業務日誌の整理	
	3月	○年中訪問および来訪あいさつリスト整理報告	
	5月	○株主総会	
	6月	○名刺箱の整理および名刺綴りの移管	
下半期	9月	○仲秋節の贈り物リストの準備および発送	
	11月	○年末年賀状リストの準備	
	12月	○年末年賀状の発送 　（海外年賀状12月初，国内年賀状12月10日以前） ○年末の贈り物リストの準備，発送 ○各種会員権の定期点検	
共通事項		○月例朝会のスケジュールの確認 　（毎月第1水曜日に発送，したがって最低1週間前に企画チームから原稿受領，作成者を確認しておくこと，広報チームと協議撮影日程樹立，撮影時プロジェクターに合う大きなサイズの原稿確認，原稿はファイリングすること）	
月末点検事項		○クレジットカードの精算確認 ○カレンダーの取り換え（壁，机，接見室，会議室） ○壁時計の乾電池の確認 ○各種の刊行物 up-date ○筆記用具の確認	

出所：N社秘書提供による（韓国語）

表4-7 秘書業務の分担

		秘書部門			他部署
		役職者	男性	女性	
企画管理	人事	2	2	0	7
	経営企画	3	2	0	6
	経営管理	3	2	0	6
	技術管理	3	2	0	6
	情報管理	3	1	2	6
	監査	2	2	1	6
	公報	2	1	1	6
	国際金融	1	1	0	6
	警護	0	0	0	4
	役員室，秘書室の予算作成・実績検討	2	2	0	6
	秘書部門の人事管理	3	1	0	6
	特命業務の処理	3	4	1	2
日程管理	上役と日程を打ち合わせ	5	3	5	3
	予定表の作成	5	3	7	1
	面会予約の受付	4	3	7	1
	関係先への面会予約の取り付け	4	5	5	1
	上役に代わって先方訪問	4	4	1	3
	予定変更に伴う調整・折衝	4	3	7	2
	社内外への予定の再確認・連絡	5	3	8	1
来客・電話対応	来客の受付，上役への取次ぎ	5	5	7	1
	面会の可否の決定	4	4	4	1
	上役に代わって，来客面接	4	4	0	2
	来客の出迎え・見送り	3	3	5	2
	来客の案内	5	3	8	0
	来客への湯茶接待	5	1	8	0
	電話の受付・取次ぎ	5	3	8	0
	上役不在中・用務中の電話応対・処理	5	3	8	0
	上役に代わり電話連絡	5	4	7	0
会議会合	役員会に関する手続き	2	2	0	5
	上役主催の会議会合の準備	4	4	4	3
	会議会合の運営・進行	2	2	0	6
	会場の設営・後始末	3	4	3	5
	資料準備	0	0	0	0
	茶菓・食事の準備	3	1	6	1
	議事録の作成	3	1	1	6
	上役の代理出席	1	1	0	2
出張業務	出張旅程の作成	6	3	3	2
	交通機関，宿泊先の選定	5	4	1	3
	切符，宿泊先の手配	5	4	2	2
	出張に関する必要品の手配（土産など）	6	4	4	1
	出張随行	4	5	1	2
	旅費の受渡し，精算	5	2	4	2
	海外出張の渡航手続き	6	4	3	2

文書類の作成と管理	経営示達文書の作成	4	2	1	4
	上役の口頭による指示の文書作成	4	1	2	4
	上役のための原稿作成（演説，挨拶等）	6	3	2	3
	慣例化した社交文書の作成	5	3	2	2
	上役の書いた文書の浄書（手書き）	5	2	3	2
	決裁・回覧文書の受付・回付	4	1	7	0
	郵便物の受発信	4	0	5	3
	文書類の整理保管	5	2	8	1
	社印・上役印の押印・管理	5	3	2	4
	文書類の翻訳	4	2	1	3
	ワープロによる文書作成	6	2	5	0
	ファックスによる文書の受発信	6	3	6	1
	文書類のコピー	6	3	6	0
情報の処理	上役の指示による社内外での情報収集・提供（新聞・雑誌・文献等を含む）	5	4	4	3
	上役の指示ではないが社内外での情報収集・提供（新聞・雑誌・文献等を含む）	1	1	1	5
	収集した情報の分類・整理	4	1	4	4
	人名簿・住所録・来客カード・名刺・面会簿等の作成，整理	5	4	7	0
	購読新聞・雑誌・文献・図書類の整理・保管	4	2	7	1
	面会者に関する資料収集	4	4	5	1
渉外業務	会社または役員の加入団体に関する業務	1	1	1	5
	広告・寄付の決定／額の決定	3	1	0	5
	マスコミなどとの折衝	3	1	0	5
慶弔贈答業務	関係先の慶弔に関する情報収集	4	3	4	3
	慶弔に伴う現金・贈答品の選択	2	3	0	3
	慶弔に伴う現金・贈答品の手配	4	4	3	3
	慶弔電報の手配	4	3	7	1
	慶事弔事等上役に代わって出席	4	5	0	3
	上役・その家族の慶事弔事の準備	4	3	1	3
	上役・その家族・友人の慶事弔事の手伝い	2	2	1	3
環境整備	上役勤務部署の整備・管理	5	4	7	0
	事務用品・消耗品の調達・管理	5	0	7	1
	上役室・応接室等の調度品・装飾品の選択	3	1	2	5
交際業務	社外での接待準備（会場設営・物品購入等）	3	2	2	3
	社外での接待随行	4	2	0	2
	上役に代わり接待	4	2	0	2
その他の補佐業務	配車業務	4	5	2	3
	見送り・出迎え	5	4	3	2
	上役個人の現金出納	4	2	7	0
	上役個人印の押捺・管理	3	2	2	3
	役員間・社内各部支店間の連絡	5	3	6	1
	お茶・食事の手配	4	1	7	0
	上役宅との連絡	4	3	7	0
	上役の健康管理（薬の用意・病院予約等）	3	3	7	0
	上役の家族に関する業務（旅行・会合等の手配など）	5	3	6	1

出所：島本他 1997a より作成

10社に対し，各種の秘書的業務を，秘書部門で担当しているか，あるいは他部署が担当しているか，そして，秘書部門が担当している場合は，役職者・男性・女性のうち誰が担当しているかを尋ねた。結果は以下のとおりである。
　①企画管理業務はもっとも他部門で行われることが多い業務である。その場合人事は人事総務部や人事部において，経営企画／経営管理は企画管理室・企画調整部・経営管理部において，技術管理は技術管理部において，情報管理はシステム開発・電算運営チーム・経営情報部において，企画部，役員室，秘書室の予算作成／実績検討は総務部・企画管理チームにおいて行われる。秘書部門で担当すると回答したのはいずれも小規模の３社で，このような企業では企画管理業務とその他の秘書業務が分化しない状態であると考えられる。ただ，特命業務の処理のみは秘書部門の男性の業務となっている。
　②日程管理に関する業務は，7業務中6業務が秘書部門で行われる率が高い。また特に女性の担当する率が高い業務でもある。しかし，上役に代わっての先方訪問は役職者または男性の業務となっている。
　③来客・電話応対の多くは女性の業務となっているが，女性は上役に代わって来客に面接することはない。
　④会議会合に関する業務のうち，役員会に関する手続き／会場の設営・後始末／議事録の作成などは他部門である総務部・総合調整室で担当する方が多い。女性は茶菓・食事の準備が高率である。
　⑤出張業務のうち，随行は男性が多く担当する。
　⑥文書類の作成と管理のうち，経営示達文書の作成／上役の口頭による指示の文書作成／上役のための原稿作成は関係部署・総合調整室でも行われる。上役のための原稿作成（演説，挨拶等）は役職者・男性が，決裁・回覧文書の受付・回付／文書類の整理保管／ファックスによる文書の受発信／文書類のコピーは女性が担当する。
　⑦情報の処理に関しては，上役の指示による収集・提供は役職者・男性・

女性ともに担当しているが，指示によらない社内外での収集・提供は他部門（経営情報部・経営管理部・企画管理室）で行われる比率が高い。
⑧渉外業務のうち会社または役員の加入団体に関する業務は総務部・経営管理部が，広告・寄付の決定／額の決定は企画管理室・消費者保護チーム等が，マスコミなどとの折衝は企画管理室／広報室が担当する。
⑨慶弔贈答業務は，秘書部門以外では，企画管理部・総務部・人事部等が担当する。韓国も日本同様，冠婚葬祭は重要な業務のひとつになっているようである。慶弔電報の手配は女性が担当するが，女性は慶事弔事に際して上役に代わって出席することはなく，男性が主として担当する。
⑩環境整備のうち，上役勤務部署の整備・管理や，事務用品・消耗品の調達・管理などのマイナーな業務は秘書部門，特に女性が行う率が高いが，調度品・装飾品の選択は総務部や人事部など他部門の関与が見られる。
⑪交際業務のうち，社外での接待随行／上役に代わっての接待は，役職者と男性が行っている。
⑫その他の補佐業務のうち，マイナーな連絡業務は女性が多く担当している。

大項目をまとめて見た場合，他部門が行うことの多い業務は，まず企画管理と渉外業務である。秘書部門と他部門が同等に行う業務は慶弔贈答業務と交際業務である。会議会合業務は，担当部署が主として担当するらしく，その業務のうち，主要なものは他部門で，マイナーなものは秘書部門の女性が担当している。この傾向は，文書類の作成と管理，情報の処理，慶弔贈答業務，環境整備，特にその他の補佐業務に顕著に現れている。特徴の明確な各々の担当業務は表4-8にまとめた。

全体として見た場合，上司の日常業務を補佐する秘書業務は，役職者・男性・女性を問わず行われている。しかし，対外的折衝や決定に関する業務は，役職者や男性に任されており，極めて庶務的な業務は女性が担当している。

このような傾向は日本の企業秘書に見られた傾向とほぼ一致する。しかも，当方から回答を依頼したアンケートは，1983年に日本の企業秘書の業務内

表4-8 秘書業務の分担

	役職者	男性	女性	他部署
企画管理		特命業務の処理		その他企画管理全般
日程管理		上役に代わって先方訪問	その他日程管理全般	
来客・電話応対	来客応対・上役への取次ぎ	来客応対・上役への取次ぎ	その他来客・電話応対全般	
会議会合			会場の設営・後始末 茶菓・食事の準備	役員会に関する手続き 合議・会合の運営・進行 会場の設営・後始末 議事録の作成
出張業務	出張旅程の作成 必要品の手配 渡航手続き	出張随行	旅費の受け渡し、精算	
文書類の作成と管理	上役のための原稿作成 ワープロによる文書作成 ファックスによる受発信 コピー		決裁・回覧文書の受付・回付 郵便物の受発信 文書類の整理保管 ワープロによる文書作成 ファックスによる受発信 コピー	
情報の処理		上役の指示による情報収集・提供 面会者に関する資料収集	上役の指示による情報収集・提供 情報の分類・整理 人名簿・住所録等の作成・整理 面会者に関する資料収集 新聞・雑誌等の整理・保管	指示によらない情報収集・提供
渉外業務				渉外業務全般
慶弔贈答業務	関係先の慶弔情報の収集	代理出席	関係先の慶弔情報の収集 慶弔電報の手配	
環境整備			上役勤務部署の整理・管理 事務用品・消耗品の調達・管理	調度品・装飾品の選択
交際業務	社外での接待随行 上役に代わり接待	社外での接待随行 上役に代わり接待		
その他の補佐業務			上役個人の現金出納 役員間・社内各部支店間の連絡 お茶・食事の手配 上役宅との連絡 上役の健康管理 上役の家族に関する業務	

出所：森田 1997：16

容を調査するにあたって使用されたもの（島本 1983: 61）を基としている。この質問内容に躊躇することなく回答を寄せられたこと自体，日本の企業秘書の業務と韓国の企業秘書の業務が似通っていたことを示している。

(3) 秘書部門の業務と運営

1996年には，秘書および秘書部門が，企業内，他の企業との間，そして企業グループ内においてどのような機能を果たしているかを知るため，少し視点を変えた調査（96年質問紙調査）を行った。質問紙の構成は，①秘書業務担当部課の業務，②秘書室等課員の個人業務，③秘書室の組織，運営の3部である。

対象企業8社のうち，秘書業務担当の部課があると回答したのは4社であった。残り4社は秘書部門ではなく秘書の業務として回答しているが，この4社を加えても回答は同傾向を示している。回答企業は資料4-1のL社，O社，P社，Q社である。表4-9は質問項目とその回答を一覧できるようにしたものである。回答がYESの場合は○，NOの場合は×と表示した。この4社の回答から特徴的な事項は，次のようにまとめることができる。

①秘書業務担当部課の業務

　季節の挨拶・贈答，社内の慶弔業務，社外の慶弔業務は，秘書室など秘書業務担当部課の業務となっており，慶弔規程に基づいて行われている。上司召集会議の運営，重役会議の招集・運営，会議の議事録作成，株主総会の日程作成・事務手続き・設営準備などは秘書業務担当部課の業務とはなっていない。文書の管理は行っている。役員スケジュールなどについて社内外との折衝も行っている。秘書室内での職務分担は，取締役の個人付き秘書業務が中心という企業が1社，残りは個人付き秘書業務を行いつつ，役割を決めた分担を行っている。

②秘書室等課員の個人業務

　来客の受付・応対，受発信文書の取り扱い，来客の名刺の整理保管，担当役員スケジュールの受付・管理・調整，上司の国内外の出張の準備，上

表 4-9 秘書業務調査

秘書業務についてお尋ねします。次の質問に，YES，NO，のいずれか，a.b.c.…のいずれかを○で囲んでください。あるいは…の部分は答えをお書き下さい。

			L社	O社	P社	Q社
I	秘書室など秘書業務担当部課の業務についてお尋ねします。					
	1	学校，文化活動など寄付依頼への対応をしますか。	○	×	×	○
	2	季節の挨拶，贈答をしますか。	○	○	○	○
	3	社内の慶弔業務をしますか。		○	○	○
	4	社外の慶弔業務をしますか。		○	○	○
	5	貴社定年退職者の慶弔業務をしますか。	×		○	○
	6	慶弔情報入手の体制はありますか。			○	○
	7	貴社では慶弔規程はありますか。	○	○	○	○
	8	貴社の慶弔規程の対人的な対象は何種類ほどに分かれていますか。			4	
	9	上司召集会議の運営に携わりますか。	×	×	○	×
	10	重役会議の招集業務，運営に携わりますか。	×	×	○	×
	11	常務会議の招集業務，運営に携わりますか。	×	×	○	×
	12	会議の議事録の作成業務に携わりますか。	×	×	○	×
	13	株主総会の日程作成をしますか。	×	×	○	×
	14	株主総会の事務手続きをしますか。	×	×	○	×
	15	株主総会の設営準備を行いますか。	×	×	○	×
	16	代表取締役印の管理押印をしますか。	×	○	○	○
	17	どんな文書の管理をしますか。				
		a 稟議書		○		○
		b 決裁文書		○	○	○
		c 計画書				○
		d 通達		○		○
		e 報告書		○	○	
		f 会議議事録				
		g 各種規程				○
		h 外部の会社資料			○	○
		I その他		日程管理	○	
	18	秘書室が中心になって管理する文書は何ですか。		日程管理	b	
	19	文書管理保存の基準は決められていますか	○	○	○	×
	20	19.で YES の場合，基準にあたる規程の名前をお書きください。		文書管理規程		
	21	役員スケジュールを統括する方がいますか。	○	○	○	×
	22	役員スケジュールなどについて社内外と折衝しますか。	○	○	○	○
	23	秘書室ではどのように職務を分担しあっていますか。				
		a 取締役の個人付秘書業務が中心	○			
		b 秘書室の仕事を役割を決めて分担				
		c a と b の混合		○	○	○
		d その他				
II	秘書室，課等の室員，課員の個人業務についてお尋ねします。					
	24	来客の受付，応対をしますか。	○	○	○	○
	25	来客受付応対用のマニュアルはありますか。	×	○	×	○
	26	電話受付応対用のマニュアルはありますか。	×	○	×	○
	27	受発信文書の取り扱い，管理をしますか。		○	○	○
	28	来客の名刺の整理保管をしますか。				
	29	担当役員スケジュールの受付，管理，調整をしますか。		○	○	○
	30	スケジュール管理はコンピュータ化されていますか。	×			○

	31	社内の社員と上司の取次，調整をしますか。	○		○	○
	32	上司の国内外の出張の準備をしますか。	○	○	○	
	33	秘書課員は上司の出張の準備をしますか。	○	○	×	○
	34	上司の業務遂行のため新聞雑誌より情報収集整理をしますか。	×	○	○	○
	35	上司の業務遂行のため各種機関より情報収集整理をしますか。	×	○	×	○
	36	上司のため文書作成の起案をしますか。	×		×	×
	37	秘書室長は上司の講演などの原稿の準備をしますか。	×	○	×	
	38	秘書課員は上司の講演などの原稿の準備をしますか。	×	○	×	×
	39	上司個人の交際関係の維持管理をしますか。	○	○	○	○
	40	秘書課員は重役の管理業務の補佐をしますか。	×	○	○	○
	41	秘書室長は重役の管理業務の補佐をしますか。	×	○	○	○
	42	秘書室長は，重役の秘書業務をしますか。	×	○	×	○
	43	重役と秘書の職務分担はどのように決められますか。				
	a	両者に任されている	○		○	○
	b	職務分掌規程がある				
	c	その他				
III		秘書室など秘書業務担当の部課の組織，運営についてお尋ねします。				
	44	秘書室など秘書業務担当の課，室はありますか。	○	○	○	
	45	その課の名称は何ですか。	会長秘書室		秘書室	○
	46	貴社には何名の重役がおられますか。	30	300		
	47	貴社の秘書業務担当の課では何名の取締役の秘書業務をしますか。		11	6	15
	48	秘書室などには何名の秘書課員がいますか。				
		男性		5		5
		女性		6	5	10
	49	女性秘書の平均勤続年数は何年ですか。		4-5	4	2
	50	女性秘書で最も勤続年数の長い方は何年勤めていますか。		30	22	12
	51	男性秘書課員の平均在課年数は何年ですか。		3-4		7
	52	秘書室の管理職は何名いますか。				
		男性		2		5
		女性		1	2	2
	53	秘書室にはどんな名称の管理職の方がいますか。		室長 部長	部長 課長	
	54	秘書室では年次方針，計画の作成をしますか。		○	×	○
	55	秘書室管理職の方は秘書室の予算管理をしますか。		○	○	○
	56	秘書室管理職の方は役員予算の管理をしますか。		○	○	○
	57	秘書室長は秘書課員の人事考課をしますか。		○	○	○
	58	貴社では職務分掌規程がありますか。	○	○	○	×
	59	秘書室の職務分掌規程はどんな仕事が中心となっていますか。		会長補佐業務及秘書室管理		
	60	貴社では重役は子会社の重役を兼ねていますか。	×	×	○	○
	61	それらの子会社には重役に付く秘書はいますか。		○	○	○
	62	61.でYESの場合，子会社の秘書と本社の秘書は情報交換，連絡をしあいますか。	○	○	○	○
	63	秘書室で必要とする主な法知識はなんですか。				
	a	商法		○		
	b	民法		○		
	c	労働法		○	○	
	d	手形法，小切手法		○		

	e	独占禁止法		○			
	f	契約関係の法		○	○	○	
	g	その他			○		
64		秘書室以外に秘書職に従事する方はいますか。	×	×	○	○	
65		それらの秘書はどの課に属していますか。			各課		
66		秘書室以外の秘書はどんな役職の方に付きますか。			理事		
67		秘書室以外の秘書は何名ほどおられますか。			14	3	
68		秘書室秘書，他の部課の秘書は秘書として採用されますか。	○		○	○	
69		秘書室の秘書とそれ以外の秘書の業務の違いは何だと思われますか。					
70		秘書室員の教育はどのような方法がとられますか。					
	a	OJT	○	○			
	b	社内の研修	○	○			
	c	外部の講習			○	○	
	d	自己啓発			○		
	e	その他			○		
71		秘書の研修に何を最も望まれますか。			外国語	外国語	
72		秘書業務，秘書教育について何でもお気づきの点をお書きください。					

出所：森田 1998a: 66-7 より作成

司個人の交際関係の維持管理は課員の個人業務として行われている。

③秘書室の組織，運営

　秘書室の管理職は，秘書室の予算管理，役員予算の管理，室員の人事考課を行う。子会社の秘書と本社の秘書は情報を交換し，連絡を取り合っている。秘書室秘書，他の部課の秘書は，秘書として採用され，OJT，社内外の研修を受ける。

(4) 秘書部門の機能

　このような集団体制による補佐は，「個人主義対集団主義」に関してChang & Chang (1994) の示した韓国的経営システムの特徴「チーム・スピリットと個人主義が同等に強い」(表4-1) を反映したものと考えられなくもないが，それよりも，植民地時代から戦後の復興期に，韓国企業が日本企業の制度を取り入れた結果と見るのが妥当であろう。集団体制による補佐は，欧米型の個人秘書に比べると，組織全体への目配りができることが利点のひとつであるが，韓国において秘書部門の果たす機能については，第1節で示した韓国的経営システムが独自に持つ特性の影響を指摘することができる。以下は，95年から97年にかけての企業調査による知見である。

第1は，政界との関係構築とその維持機能である。たとえばK社は1988年設立の航空会社であったが，K社の属する企業グループではグループ全体の秘書室の他にはK社のみに秘書室が組織されていた。それは航空会社ではロビー活動が重要だからであり，秘書室はその補佐を担当する。グループの常任顧問であるF氏は，かつては陸軍士官学校卒の軍人であった。F氏は初代の社長で，のちに会長，その後国務総理となり，長官（大臣）を務め，再びこの会社の常任顧問として迎えられた人物で，K社の政界とのネットワーク維持に大きな役割を果たしていたと思われる。また，半導体メーカーQ社秘書室の男性課長C氏によれば，秘書にとって出身校のネットワーク，秘書同士のネットワークは大切であり，C氏の場合国務総理も1年先輩，安企部（国家安全企画部）長も高校の同期，長官たちも半分くらいは高校，大学の知己であった。学縁，地縁がものをいう韓国社会では，これは大きな意味を持つ。K社，Q社ともに，政界との関係構築とその維持が秘書部門の重要な機能となっていた。

　第2は，オーナー経営者によるトップダウンの意思決定を補佐する機能である。上記のQ社C氏は，対外秘の業務，たとえば技術提携や新事業部の開設など，ごく限られた人数であたらなければならない業務を担当していた。韓国の企業グループは巨大な組織であり，しかも中央集権的要素が非常に強い。この巨大な組織を統治するのは会長である。そのトップダウンの意思決定を補佐するために，多くの場合，戦略企画部門が組織されるのであるが[3]，本節第2項（81ページ）でも述べたように，企業規模が小さい場合には企画管理業務とその他の秘書業務が分化していないと考えることができる。上記の調査結果（94年10社調査）によれば，秘書部門の業務はしばしば男性秘書

---

[3]　このような戦略企画部門は，会長室または秘書室などと呼ばれるが，グループ内各社の常務から社長クラスで構成され，グループ内での，主要内部資源の配分に責任を負っている（Chen 1998: 246）。通貨危機後の財閥解体圧力により，財界では会長室（秘書室）を廃止する代わりに，時限的な組織として構造調整本部を設置した。その後構造調整本部は拡大・改編されたり，常設組織へと転換されたりするようになり，2003年1月大統領引継委員会が，事実上過去の会長室（秘書室）の役割を果たしているとの見解を表明したという経緯がある（朝鮮日報 2003年1月2日，3月3日，5月11日）。

が担当する特命業務を除いては 'administrative'（事務管理的）なものに限定されている。

　第3は，大企業における階層的な構造における調整機能である。L社は韓国の重化学工業重視の政策に沿って，1968年国営企業として設立された従業員数約2万人（96年当時）の大企業であった。秘書室は1968年に設立され，1969年には社長室となった。1972年，国の政策が重化学工業へと傾斜するにつれ，社長室に秘書課，広報課が設けられ，1973年には量的な拡大路線に伴い，渉外課も作られた。その後組織が拡大するにつれ，秘書課は1981年秘書1課，秘書2課となり，幹部人事もカバーするようになった。しかし，1994年秘書室は改編廃止され，経営の透明化のため，秘書業務は本部長（役員級）の管理業務となった。秘書室の廃止以降，秘書は各本部別に所属し本部長についた。秘書の業務は役員スケジュールの管理，来客応対，電話応対等の「単純行政の補佐」となった。

　L社では1995年1月，意思決定プロセスの改革を目指した組織改革が行われた。それ以前は，会長―社長―副社長―専務―常務―取締役―部長―課長という8段階の階層構造を経て意思決定がなされるという複雑なシステムであったが，最高意思決定機関として経営委員会が設立された。決裁は，チーム長→本部長，またはチーム長→部長→本部長の2段階または3段階へと移行した。1995年以前の階層的な構造では，一般的な業務担当者と役員の間に距離があり，その間を調整するために秘書が必要であったが，改革後の組織構造の中ではその必要がなくなったとのことであった。L社秘書室の変遷過程をたどると，企業の発展と量的拡大に伴って複雑化していく組織が秘書部門を形成し，その後の組織改編により，効率化のために解体される過程を理解することができる。

　第4は，企業とそのオーナー一族の体面維持機能である。調査当時は，解放後に起業した創業者世代が会長として企業グループを統括している場合も多く，そのような場合の秘書室の業務で優先順位が高いものとして，O社秘書室では①スケジュール管理，②全グループ重役の管理，③接待，④企業

イメージ管理とファミリー・イメージ管理の4つがあげられた。秘書室の構成人員は15名であったが，それには運転手3名，厨房2名，清掃1名，自宅の秘書・運転手・お手伝いさんを含んでいた。秘書の補佐は会長の個人的なことがら，たとえば，当時の会長の兄である前会長の家族といったオーナー一族に関することまで含んでおり，韓国企業グループのファミリー支配的な一面を見ることができた。

しかし，同じ1956年創設のQ社では事情は全く異なっていた。Q社秘書室課長は，オーナー経営者である社長が，いかにすぐれた経営能力を持った，しかも合理的な考えの持ち主であるかを繰り返し語った。韓国の企業グループがファミリー支配的であるという先入観を打ち消そうとしているかのようであった。秘書室における業務遂行も効率化をモットーとして合理的なものを目指していた。そこでは思い切った権限委譲が行われており，またO社秘書室に見られるようなオーナー一族の送迎などは行われていない。トップの年代差が組織特性の違いを生み，秘書部門もその差を如実に表していたといえる。

3. 秘書に対する認識

先に述べたように，秘書教育を施す側は，秘書教育の意味づけのためには秘書の専門性を強調する必要があった。しかしながら，秘書の専門性が何を意味するのかは明確ではない。韓国専門秘書協会がそのウェブサイトに示している秘書の役割は，

①秘書は上司が本来の業務に専念することができるように，上司を補佐する役割を担う。

②したがって秘書は，上司の本来の業務で派生した細部的な業務，付随的な業務を処理する。

③上司の状況判断や意思決定に必要な情報や資料を収集，整理し，上司の人間関係が円滑に維持されるように補佐する。

④しかし，秘書は上司の本来業務の代理，代行はできず，上司の代わりに意思決定をしたり，他部の職員に上司の代わりに指示命令を下したりすることはできない。

としているが，「専門性」と呼ばれるような要素は明確ではない。

　企業の側は秘書の必要性と専門性をどのように認識していたのかを，これも事例に基づいて90年代半ばの状況を見てみよう。

(1) 秘書の配置の必要性と専門性の認識

　企業グループ最大手の三星グループでは，秘書部門は組織せず，個人秘書的に秘書を配置していた。グループ内M社ではその理由は，部門を必要とするほどの業務量ではないからと説明された。また，M社は秘書を再編成し，若干名を専門秘書（業務遂行レベルの高い「アメリカのような秘書」と表現された）として残し，後の秘書はそれぞれに専門分野を持たせ，「男性と変わらない」仕事をさせることとした。部門の必要性を認めないばかりでなく，秘書の削減を実行したのである。

　同じ三星グループに属するN社では，社長，副社長の秘書（各1名）は総務に所属し，専務の秘書（2名）は各部署に所属していた。以上4名は専任の秘書であるが，常務の秘書4名は業務秘書であった。三星グループでは1992年からの数年間は，専門秘書（秘書業務のみを専門として行う秘書という意味である）を採用していた。これには，当時大卒女性の就職が困難であったため，国を代表する三星グループが率先して女性の活用を図るという意味合いがあった。しかし，その後大卒女性の公募採用が始まり，女性秘書を，男性とは別に，職種で採用することが男女差別と見なされるようになったこと，従来の秘書は高校卒であったのに大学卒の秘書が入社したことによって仕事をとられたという印象を持たれたこと，大卒でも高校卒でも仕事は変わらないため，大卒者の方でもお茶くみなどの仕事に対してマイナスイメージを持ったことなどにより，専門秘書の採用はとりやめられたという経緯がある。

　秘書としての採用はせず，専任秘書もおかないケースもあった。S社には

会長秘書，社長秘書，副社長秘書として男性2名，女性2名，その他に女性秘書が6名おり，この10名は人事部に所属していた。S社全体では20名の秘書がいたが，他の10名は本部別に所属し，本部長秘書であった。S社では秘書としての採用はせず，優秀な社員を選んで業務をしながらの業務秘書としていた。営業本部長秘書は入社して15年，秘書歴は6年であった。秘書となる前には秘書については興味もなかったが，秘書を始めてから秘書の専門性を高めるために何をすればよいか悩んでいるとのことであった。人事部人事課次長は，上司の秘書に対する認識がまだ確立しておらず，上司の教育が必要というが，その一方で「秘書学科の出身者は伝統的な秘書業務しかしない傾向がある」という。人事課の求めているのは所属する部門の「専門的」な業務のこなせる「業務秘書」であるのに，秘書の側では秘書となったことによって「専門性」を模索し始めていた。

　外資系のR社では，4名の秘書のうち社長と副社長の秘書は正社員，営業担当常務と事業本部長の秘書は契約社員であった。社長秘書は秘書歴7年，R社入社後1年2ヶ月で正社員となった。業務内容は①情報処理，②来客応対，③社長の会計業務，④チームリーダーとしての役割，⑤出張業務，⑥情報収集である。R社の業務分野は4つに分かれているので，各分野に1名ずつの秘書がいることになり，一見個人秘書のようであるが他部門との折衝もあり，「業務秘書」ととらえているとのことであった。外資系ではこのように，採用時は契約社員である例が多く見られる。近年では，国内企業でも秘書はすべて契約社員という企業グループもある。かつて秘書は対外秘の業務を取り扱うことから，正社員でなければならないとされていたものであるが，人件費削減の波は秘書にも及んでいる。また，そのような企業では，秘書は一般的な業務のみを取り扱うと見なされているといってよい。

　以上，企業によっては部門の必要性を認めないばかりでなく，秘書の削減をも実行していた。また多くの秘書は専門秘書として秘書業務だけを担当するのではなく，業務秘書として所属部門の業務もこなすことが求められており，秘書の専門教育を受けた「伝統的な秘書」は避けられているケースまで

あった。これらの企業では，お飾り的な，すなわち，大企業の「体面維持機能」あるいは「威信」を示す機能を果たす秘書はもちろん，専任の秘書も多くは必要とされておらず，秘書の「専門性」が明確に認識されているとはいえない状況であった。

(2) 秘書の採用基準

秘書を採用する際に何を基準としているかは，秘書に対する認識を反映したものとなっているはずである。ノ・ヨンホ (1994) は，1993年釜山地域の大学が主催した最高経営者コースに登録した受講生250名を対象に，「最高経営者の秘書に対する認識」を調査した。

秘書を採用する際の評価基準は，「組織への適応力」が32.7％，「容貌端正」が25.5％，「秘書学を専攻したかどうか」は17.3％，「学歴」が10.2％であった。秘書の専門教育の必要性に関する質問に対しては，「必要であると」の回答が91.8％を占め，専門教育の必要性は強く認識されているのではあるが，採用基準においてはもっと別の要素，組織集団への適応力が重視されている点が，ある面では集団主義的な韓国の経営システムを反映したものと考えられる。

安煕卓 (1991: 331-4) によれば，韓国の企業の募集・採用制度は次のような状況にあった。従業員の採用は，縁故者紹介の割合がもっとも高く，これに学校推薦を加えるとさらに高くなり，職業紹介機関の利用は極めて少ない。これはインフォーマルなチャネルを通して求人情報が流れていることを示している。縁故採用率が大きな比率を占めているのは，ひとつは雇用関係が契約関係というより人間関係が前提となっていること，もうひとつは韓国社会の基底となっている血縁関係によって就職するからであるという。選考方法は面接への依存が高く，職務優先というよりは人中心の採用慣行が定着している。選考基準においても人的側面の重視が現れている。韓国能率協会の調査 (1990年) では，経営者がもっとも高い比重をおく要素は「誠実性」の60.8％，ついで「創意性」25.3％，「専門性」11.6％の順であった。2006年

韓国経営者総協会が調査したところによっても，大卒の新入社員採用時，もっとも重視されるのは面接選考52.5%，書類選考は40.3%，筆記試験は7.2%であった（全国の従業員100人以上の企業374社を対象）（朝鮮日報 2006年5月22日）。

韓国では従来人中心の雇用管理が行われており，職務に基づいて採用するよりも人間の属性を重視してきた。専門性よりも人間性を重視する点においては，秘書の採用基準と共通点を持ち，秘書の場合も専門性にはさほど考慮が払われている様子は見られない。

(3) 外資系企業と国内企業の比較

日本の秘書のうち外資系企業等の秘書は，高度な語学力と教養を必要とされるため，給与水準もステイタスも一般の事務職より高い。韓国の状況については洪淳伊の論文に詳しく述べられている（洪 1995）。洪は，1994年ソウルに進出している国内企業および外資系銀行・証券会社・保険会社等を対象として，秘書の再教育に関する調査を行った。その中で，秘書職の専門職としての認知度を調査している。それによれば，秘書本人の専門職としての認知度は外資系83.1%，国内企業31.8%，上司の秘書本人についての専門職としての認知度は外資系71.2%，国内企業22.4%，上司の秘書職についての専門職としての認知度は外資系62.7%，国内企業31.8%と，いずれをとっても外資系企業の方がはるかに高い数値を示している。秘書が上司の業績や昇進にどれだけ寄与したと考えるかを尋ねる設問に対しては，国内企業の秘書は「全面的に寄与している」が8.3%しかなく「少し寄与している」が65.5%，一方外資系の秘書は30.5%が「全面的に寄与している」，64.4%が「少し寄与している」と回答していることから，外資系企業の秘書の方が自分の職務について自負心と確信を持っているということができる。

以上の結果を含めて総合的に判断すると，外資系機関に勤務する秘書は相対的に学歴が高く，入社試験を受けて採用された率も比較的高く，転職経験を繰り返したのち現在の勤務先を選び，結婚退職をすることよりも継続して

勤務することを選ぶ。おそらくそのことによって，自らの秘書としての寄与度に自信を持ち，秘書職を専門性の高い職務と認識している。このような外資系と国内企業の秘書の違いも，日本の秘書の場合と共通点が多い。

4．女性秘書の位置づけ

　韓国においても女性秘書が圧倒的多数を占めるのであるが，同時に経営トップの傍らにあって参謀的役割を果たす男性秘書も，ビジネス・シーンに欠くことのできない存在である。企業の側は女性秘書をどのように位置づけているのだろうか。表4-7にまとめた業務の分担によると，女性の担当するのは，男性あるいは役職者とは明らかに異なる重要度の低い業務に集中している。秘書の「専門性」を強調し，秘書を専門職であると主張する議論においては，韓国での一般的な秘書は，「上司の意思決定や状況判断に役立つことのできるスタッフ」としてではなく，「消極的で単純な業務補助」としか認識されていないことを秘書に対する理解不足ととらえ，秘書を「参謀的な補助役」と位置づけようとする（ヨン・ジュヒョン他 1995: 7, 17）。確かに，幹部候補の男性秘書は「参謀」の役割を果たすことが多々あるが，女性秘書に関してはそのようなケースはほとんどあり得ない。

　職業分類上，韓国標準職業分類においても国際標準職業分類同様，秘書は2ヶ所に分類されている。一ヶ所は「3.事務従事者」の中の「31.一般事務関連従事者」にあり，「31730 秘書」は「上司の来賓客の接待，内外の連絡及び資料整理等の日常的な業務と電話の応対，社内外からの手紙，案内状及び各種文書の分類，整理，保管することを遂行するものをいう」とある。もう一ヶ所は「2.技術工及び準専門家」「29.その他準専門家」にあり，「29111 管理秘書」は「上司を支援して，日程計画を作成し，外部訪問者との面談を調整する」とある。この範囲の業務は女性も担当することが普通であるが，「参謀」の役割までは含まれていない。

　前述のＱ社秘書室には，女性が2名配置されている。課長は，「自分を女

性だと思ったらやめてくれ」という表現で女性の活用に意欲を示し，女性活用のため4，5年来グループ内の秘書を対象に，8時間のカリキュラムで研修を行っていた。その研修内容は，女子教育，マナー，美容そして登山などであり，内容的に見て女性の活用というには偏りがあり，課長自身が担当している業務との差を考えると，性別による役割分業があまりにも明らかであるといわざるを得ないものであった。課長自身は入社以来の秘書室勤務について，「やはり秘書は秘書なので」と新しい分野への転身を考え始めている。このような男性課長は明らかに幹部候補であり，他の女性秘書にそのようなキャリア・パスが用意されていたとは考えられない。

　また，当時韓国専門秘書協会の会長であったLさんは，各社の社員研修も多く手がけていたのであるが，Lさんによれば，韓国ではオーナーの命令で突然2，3時間の研修が行われることがあるとのことであった。それはたとえば，オーナーが社内に電話をかけた時に，たまたま女子社員の電話の応対がよくなかった時などである。女子社員研修の内容としては，電話応対，挨拶，礼儀，サービス等が中心で，2泊3日あるいは1泊2日くらいの研修がよく行われるとのことであった。Lさんの会社では，女性社員ひとりあたり年間1，2回，レベルを少しずつあげて毎年研修を行っていた。研修内容として，「時代の変化」「経営方針」は毎年取り上げられ，他に外部講師による「組織の中での役割」などの研修も行われるが，男性とは内容が異なる。女子社員には女子社員向けの研修が行われているということは，女子社員には男性とは異なったキャリア・パスしか用意されていなかったことを意味する。

　もう1点，公式の場では語られることのない重要な問題が残っている。それは「若さと美貌言説」とでも呼ぶべきものである。一般に流布している「秘書とは若くて美しい」というイメージはさしてひそやかに語られるものでもなく，秘書教育担当者からも聞かれることがあるほどなのである。秘書に限らず「容貌」が採用を左右することは公然と語られている韓国の事実である（朝鮮日報 2005年3月24日，第5章参照）。これは同時に，秘書には若年女

性の短期就労が当然視されてきたことも示している。

　秘書職が女性にとって「ドリーム・ジョブ」となり得たのは，梨花女子大学秘書学科が秘書を養成したこと，その秘書たちが「若さと美貌言説」のもと，外資系あるいは国内大手企業において活躍したことが，韓国における秘書のイメージを極めて良好なものとし，日本において「スチュワーデス」が獲得したと同様の地位を秘書に付与した結果であるが，高学歴女性にとって秘書職は，「専門性」，キャリア・パス等の面において，必ずしも「ドリーム・ジョブ」たり得ない事態に至っている。詳細は第5章で取り扱うが，企業内での位置づけは「デッド・エンド」（行き止まり職）であるのが現実である。

　以上確認できたことは，「韓国的経営システム」は西洋的であると同時に日本的であるにもかかわらず，「非日本的・非米国的」と呼ばれるように，韓国独自の特性を持ったものである。秘書のあり方もまたそのような特性の影響下にある。秘書専攻課程修了者の多くが秘書として就業していた点から判断すると，秘書の技能は学校教育で習得することのできる一般的技能ととらえられていることになる。一般的技能が明確であれば，その職種はひとつの独立した職種として確立していることになろう。しかし，秘書の専門性については認識が一致しておらず，秘書労働について得られた知見を，表4-1を念頭においてまとめると，韓国の秘書労働は「韓国的経営システム」同様，非日本的かつ非米国的な様相を呈していることがわかる（表4-10）。

　秘書の配置状況や担当業務は，日本同様，外資系企業と国内企業で大きく異なる。外資系企業ではいわゆる欧米型の個人スタッフであるが，国内企業では秘書は，a.独立した秘書部門，b.スタッフ部門の一部，c.各事業部に配置されている。日本と韓国に特徴的な秘書部門には，日本的な集団的執務体制という一面の他に，韓国的経営システムの特性のいくつかが現れている。それは第1に政界との関係構築とその維持機能である。第2にオーナー経営者のトップダウンの意思決定の補佐機能であるが，これは企業規模が大きい

表4-10　日本・韓国・米国における秘書労働

	日本	韓国	米国
部門を	形成する	形成する	形成しない
採用基準	属人的	属人的	技能中心
秘書教育との関連	なし	あり	強く関連
技能は	企業特殊的技能	一般技能／企業特殊的	一般技能
流動性	低い	高い	高い
秘書の概念は	確立していない	確立していない	確立している
職種として	確立していない	確立している／いない	確立している

出所：森田　1998a：77

　場合には戦略企画部門が別に組織され，そちらが担うことになる。第3には大企業における階層的な構造における調整機能があったが，近年の改編により組織はフラット化され，そのような調整機能の必要が薄れたために秘書部門が廃止されたケースもある。第4にはファミリー支配的な一面を反映した企業とオーナー一族の体面維持機能である。しかし，このような機能も経営者の世代交代により，効率重視にシフトする方向にある。

　企業の側の秘書に対する認識は，「専門性」を強調する教育界の期待に反し，専門性にはさほど考慮は払われていない。しかし，このような認識は明らかに女性秘書に対するもので，数少ない男性秘書および秘書部門管理職にとっては，秘書職は経営幹部への通過点であるのに対して，女性秘書の場合にはキャリア・パスが用意されていないのが通例である。

【資料4-1 聞き取り対象企業の概要（1995-97）】

企業	主要事業	設立	資本金	従業員	系列	秘書部門
K社	航空サービス	1988	－	－	錦湖	有
L社	製鉄	1968	4,695.1億	20,139	浦項	無
M社	貿易	1938	3,527.1億	9,772	三星	無
N社	証券	1982	720億	878	三星	無
O社	貿易	1956	1,066.4億	1,206	鮮京	有
P社	化学	1959	530.1億	1,994	－	有
Q社	半導体製販	1956	899億	7,896	亜南	有
R社	紙パルプ	1970	－	－	外資	無
S社	貿易	1963	5,654.8億	12,433	大宇	有
T社	アパレル	1977	129.4億	850	－	有
U社	保険	1953	120億	1,095	－	有
V社	保険	1922	429億	2,282	韓進	無

出所：東洋経済日報社 1996，加藤編 1996：210-1 より作成

第5章
女性職としての秘書

　さて，第Ⅱ部は典型的な女性職とされる職業の中から秘書を取り上げ，「女性職の選択」について論じようとするものであるが，まえがきでも述べたように女性職の定義は必ずしも明らかではない。本章では，何をもって女性職とするかを明らかにした後，秘書が持つとされる女性職としての問題点を検証する。その第1は，秘書が女性職研究の主対象のひとつとなっている欧米の場合である。ついで，本書が対象とする韓国の秘書の場合について，先行研究と事例を用いて詳細に検討を行う。

1．女性職の定義と問題点

　本書では，女性職および女性職域という概念を用いている。職業の選択は個人の自由な選択に任されるべきであり，周囲がとやかくいうものではないと考える人も多い。また，女性には女性向きの，男性には男性向きの職業があると考える人も多い。第1節では，女性職の選択を問題視するのはなぜかについて述べることとする。
　女性職は，国際的には女性占有職（female-dominated occupation）と称されるが，日本では主として女性職が使用されてきた（木本 1999，金野 2004）。女性職を定義する前に，労働市場における男女の分断，すなわち性別職域分離に触れておこう。

(1) 性別職域分離

　男女の混合職化，すなわち従来男性の職業とされてきた建築業務への女性の参入や，従来女性の職業とされてきた看護や保育の仕事への男性の参入が進展している（首藤 2004）。しかし，人びとがつける職業には性別による制約が色濃く残ったままである。このような男女間の分断は性別職域分離 (occupational segregation by sex, sex segregation)，もしくはジェンダー分離 (gender segregation) と呼ばれる。性別職域分離はここで取り扱う職業ごとの分離の他に，産業，就業形態，企業規模，職務内容，将来展望などの各分野にわたる。日本では職業ごとの分離を性別職業分離と呼び，職種名が同一でありながら，担っている仕事が異なることは，職務分離と呼んでいる（木本 1999: 174-5, 首藤 2004: 14）。そして，分離の諸側面を総称する場合には「職域分離」という用語が用いられている。本書では職業に焦点をあてる場合には職業分離を，分離の諸側面を総称する場合には職域分離または性別分離を用いることとする。

　性別分離には，水平的分離（男性と女性が異なった産業分野あるいは異なった職業に集中すること）および垂直的分離（男性は女性より高位の職務あるいはステイタスの高い職業で働く傾向にあること）の2つの側面が認められているが，首藤 (2004: 8) は性によるキャリアの違いをキャリア分離と呼んでいる。それは，垂直的分離の内容を日本の実態に即して把握するためである。日本では複数の職種を渡り歩きながらキャリアを積むことが多く，同じ職種で働いていても男女が必ずしも同一のキャリアを得ているわけではなく，職種内部での男女分離が形成されるからである。

　性別職域分離の研究は1990年代頃から行われるようになった（Hakim 1991, Grimshaw & Rubery 1997, Anker 1998）。OECDにおいても1991年「構造的変化の形成――女性の役割 (Shaping Structural Change: the role of women)」というレポートにおいて職業分離を確認し，女性の職業の地位とそれがもたらす将来展望を改善する必要性に焦点があてられた。ジェンダー不平等が，雇用における性別分離と女性の仕事が少数の職業に集中していることに起因するとと

らえ，1995年「経済における女性の役割研究調査委員会（Working Party on the Role of Women in the Economy）」がこの問題を取り上げ，女性占有職の展望を開くための施策を策定することを決定した。1997年には「サービス部門における女性占有職の専門化（The Professionalisation of Female-dominated Occupations in the Service Sector）」に関する大会が開催された。OECD（1998＝2002）はそれらの成果として公表されたものである。

(2) 何をもって女性職とするか

さて，どのような職業が女性職とされるのだろうか。もっともわかりやすいのは，その職業中の女性比率の高さを見る方法である。Anker（1998: 84-8）はいずれの国にも同一の基準を適用する方法をとり，それを絶対的定義（absolute concept and definition）と呼んだ。そして，その職業に占めるいずれかの性の比率が80％以上を占める場合を「ジェンダー占有職」（gender-dominated occupations）と定義した。男性が80％以上を占めれば男性（占有）職，女性が80％を占めれば女性（占有）職である（図5-1）。もうひとつの方法は，国ごとに女性の労働力率が異なることに留意して，国ごとに基準を変える相対的定義（relative concept and definition）である。相対的定義では，そ

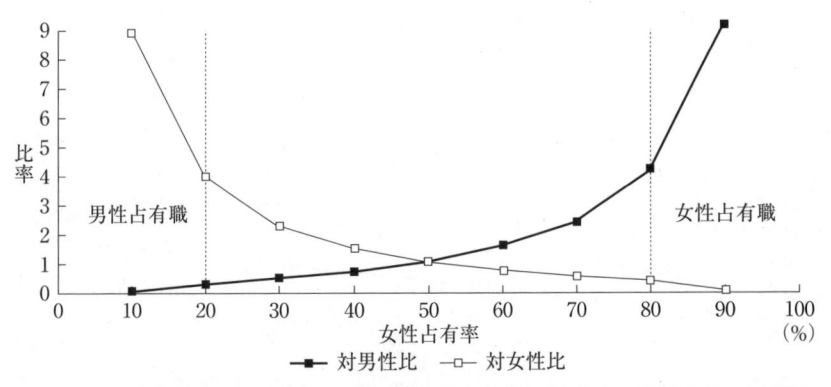

図5-1　その職業中の女性比率，対男性の女性比率，対女性の男性比率の関係および絶対的定義による男性占有職・女性占有職
出所：Anker 1998: 86 より作成

の国の労働市場全体（非農業）の女性比率と比較する。その職業の女性比率が，労働市場全体の女性比率の1.5倍以上の場合を「女性集中職」（female-concentrated occupations），0.5倍以下を「女性過少職」（female-underrepresented occupations），0.5倍から1.5倍の間を「ジェンダー統合職」（gender-integrated occupations）と呼ぶ（図5-2）。

この女性占有率（percent female）にはこれまでに数多くの指標が用いられている。その幅は，先行研究における女性占有率では最低43～90%の間，ジェンダー統合職では10～90%の間となっており，調査の目的やその国の労働市場の状況により誠に多岐にわたっている（Anker 1998: 82-4）。

これとは別に，OECD（2002）ではある職業への女性の集中度（occupational concentration），すなわちその職業につく女性の絶対数および女性雇用全体に占める割合を基準として用いた。

これは，労働市場全体における女性雇用の集中度を見るための「上位10位」アプローチ（top-ten approach）に用いられる方法で，「上位10位」アプローチは，全職業を雇用者総数順に並べ，「上位10位」の合計が全雇用に占める割合を見る。GrimshawとRuberyはOECD7ヶ国（オーストラリア，カナダ，フランス，ドイツ，ノルウェー，英国，米国）のレポートに基づき，職業分

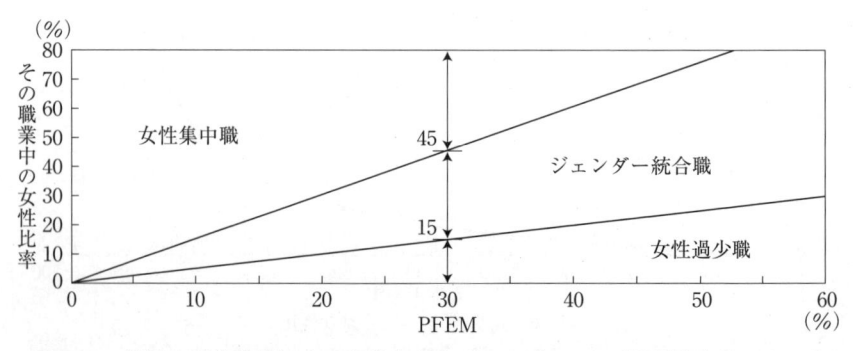

図5-2 労働力（非農業）中の女性占有率（PFEM）および相対的定義による女性集中職・女性過少職・ジェンダー統合職の関係
出所：Anker 1998: 88 より作成

類2桁コード (50〜80の職業グループ) のデータを分析した (OECD 2002: 16-9)。この7ヶ国における「上位10位」の集中度は全女性雇用の60〜77%であった。職業分類そのものが，男性を中心とした旧来の職業構造を引きずっている，すなわち伝統的な男性職の方が細かく分類されがちなため，現実の職業構造を反映していないという問題を持っているにせよ (Rubery & Fagan 1993)，男性の上位10位の合計が14.2%から31.7%の間であることに比べると，男女の集中度は著しく不均衡であるといわねばならない。さて，この分析により女性雇用の集中する領域が4つ特定された。それは，事務，販売，看護・介護を含む健康・保健関連および教職である。同様に職業分類3, 4桁コード (300〜500種) のデータによる分析を行っても，上位10位のほとんどの職業は既に特定された4つの職業領域内に落ち着くという (OECD 2002: 25)。

OECD基準による集中度，すなわち，女性の①絶対数および②女性雇用全体に占める割合，そして③占有率という3点をともに満たす職業の顕著な例としてあげられるのは，本書で取り扱う秘書と初等学校の教師，看護師である (OECD 2002: 2)。

表5-1は秘書の集中度 (女性雇用全体に占める秘書職の割合)，占有率 (秘書職

表5-1 秘書職への女性集中度・占有率・相対賃金 (%)

職業グループ名	職業コード	女性集中度	女性占有率	相対賃金
オーストラリア(1995)	5101 オフィス秘書及び速記者	6.1	97.4	78.4
カナダ(1991)	4111 秘書及び速記者	7.8	98.7	70.9
フランス(1992)	5411 秘書	6.3	96.1	74.1
西ドイツ(1990)	782 秘書	4.9	97.2	—
ノルウェー(1993)	211 秘書及び速記者	3.6	98.4	84.1
英国(1995)	459 その他秘書及び個人秘書	5.3	99.0	74.8
米国(1992)	313 秘書	6.4	99.4	69.7

注：女性集中度＝秘書職が全女性雇用中に占める比率
　　女性占有率＝秘書職中の女性比率
　　相対賃金＝男性フルタイム平均時給に対する比率
出所：Grimshaw & Rubery 1997: 58-60, 69-72より作成

中の女性比率）を示している。国によって差があるものの，秘書とその関連職は女性集中度も占有率もともに非常に高く，圧倒的な女性職であったことがわかる。

表5-2はSteedmanが，OECD 7 ヶ国から寄せられた報告書に基づいて示した秘書の女性占有率である。データの出所は表5-1とは異なっているため，数値は微妙に異なっているが女性占有率の際立った高さを示している。

このようにしてみると，確かに集中度と占有率は女性「占有」職を定義する基準にふさわしい。しかしながら，ここでひとつ考えておきたいのは，集中度が低くとも占有率が高い職業は，女性職と呼べることである。そのような職業は，集中度が低くとも「女性向き」と考えられており，「女性のステレオタイプ」に合致する職業と見なされるのである。

従って本書における女性職は，数値を一応の基準としながらも，「女性役割」が期待される職業と定義する。数値基準は，Anker (1998: 84) が示した先行研究のジェンダー統合職の幅の中間値26〜58%（女性比率）および平均値20〜60%を参考とする。後述するように，女性比率の高さと「女性役割」への期待は互いに深い関連を持っている。

表5-2 秘書職における男女比率（％）

	男性	女性
フィンランド(1993)	3	97
フランス(1995)	3	97
オランダ(1994)	2	98
スイス(1990)	19	81
米国(1994)	1	99
デンマーク(1995)	18	82
英国(1996)	7	93

注：スイス＝公共機関のみ
　　米国＝連邦局秘書のみ
　　デンマーク＝HK（商業・事務雇用労働者組合）メンバーのみ
出所：Steedman 1997: 15より作成

(3) 女性職の何が問題か

それでは，女性職の何が問題なのだろうか。主要な問題点としてあげられるのは，低賃金，低ステイタス，将来展望の欠如の3点である (Core 1999)。これについては，次節において詳細に検討するが，このような個人レベルの問題点を超えた影響として，金野 (2004: 52) は次の2点をあげている。第1は，雇用する側や経済システムへの影響である。性別職域分離が雇用側にとって

表5-3 女性ステレオタイプ

肯定的	否定的	その他
・世話好きな性質 ・家事に見られる技能と経験 ・手先の器用さ ・正直さ ・外見	・他を監督することを好まない ・身体の弱さ ・科学・数学が苦手 ・旅を好まない ・身体の危険に直面することを好まない／体力を使うことを好まない	・指図されることを好む／従順かつ仕事や条件に関する不平をいわない ・労働組合にあまり入りたがらない／単調な反復作業を好む／低賃金を受け入れ，多くの収入を必要としない ・家庭で仕事をすることを好む

出所：Anker 1998: 24-7 より作成

の選択の幅を制約し，産業・職業構造の変化への迅速な対応を阻害する可能性である。第2は，性別職域分離が「男性」「女性」のステレオタイプを強化する点である。Anker (1998: 23-7) は表5-3に示した13のステレオタイプが，女性職を「賃金が低く，柔軟性が高く，ステイタスが低く，意思決定の権限が少ない」ものとして特徴づけているとした。

しかし，女性職の存在は問題点を持つばかりではなく，伝統的男性職への参入，あるいは正規職への参入が困難な状況下では，女性に確保された領域としての利点を持つこともまた認識されている (OECD 2002: 1)。

2．女性職としての秘書―OECD諸国の調査結果から―

第2節では女性職の持つ主要な問題点とされている賃金，ステイタス，将来展望の3点について秘書の場合はどのような状況にあるのかを，OECD諸国の調査結果等に基づいて検証を行う。最初に賃金についてであるが，GrimshawとRuberyの分析したOECD 7ヶ国における時給ベースでの女性秘書の賃金は，全男性の平均賃金より低いものであった（表5-1）。その比率はおよそ70～84%の間である。この数値は女性集中度「上位10位」の平均より高く，ノルウェーと英国においては，全女性の平均よりも高い

(OECD 2002: 57)。性別に分離された労働市場ではあるが，その中で秘書職につけば少なくとも平均的な範囲の賃金は得ることができるのである。しかし，ほとんどの調査国において秘書は賃金に不満を表明しているという (OECD 2002: 57)。

表5-4は秘書の賃金（公共部門）を生産部門労働者の平均賃金と比較したものである。スペインを除くすべての国において秘書の賃金は生産部門労働者の平均より低い。Pitts (2002) が米国の女性職全体について示したように，女性職で期待できる賃金は非女性職と比較して必ずしも低いわけではなく，同等あるいはむしろ高いとの調査結果も出ている。賃金や社会的ステイタスは，それを何と比較するかによってその位置づけは全く異なったものとなる。

表5-4　公共部門における秘書の賃金

	APWに対する賃金	新人レベルでの実際の趨勢		
	1993	1985	1990	1993
オーストラリア	0.92	‥	‥	‥
オーストリア	0.71	100	106.5	114.4
カナダ	0.57	100	95.7	94.5
デンマーク	0.95	100	99.7	101.0
フィンランド	0.68	100	117.9	108.6
フランス	0.67	100	98.4	98.2
ドイツ	0.68	100	108.0	110.8
アイスランド	0.64	100	106.1	113.6
アイルランド	0.62	‥	‥	‥
イタリア	0.99	‥	‥	‥
ルクセンブルグ	0.96	100	132.5	137.0
オランダ	0.61	100	106.9	106.3
スペイン	1.24	100	110.9	124.6
イギリス	0.68	100	113.2	116.4
アメリカ合衆国	0.67	100	93.3	94.9

注：‥データ無し
　　APW＝生産部門労働者の平均
情報源：OECD, 1996, *Trends in Public Sector Pay in OECD Countries*
出所：OECD 2002: 61 より作成

秘書の場合でいえば，その他の女性職よりは高い場合においても，同等の学歴と資格を持つ（主として）男性と比較した場合には位置づけは低い場合が多く，その場合は不満足を引き起こすことになる。

　次にステイタスについてであるが，秘書という職業の学歴イメージは，従来米国では高卒であったが，実際には高卒後にカレッジにおいて訓練を受けるケースが多い。国際標準職業分類では，分類基準としてスキルを用いる[1]。一般的な秘書は「前期・後期中等教育修了」のスキルレベル2，準専門職の秘書が「中等教育終了後の大学とは異なる卒業資格」のスキルレベル3とスキルレベルはさほど高くは見られていない。表5-5はOECD7ヶ国の政府機関における秘書の教育達成度である。1995年の時点では多くの国において義務教育修了後に少なくとも3年の教育を受けている。英国では高等教育進学率が元々低かったことを考慮に入れても，秘書の半数が義務教育しか受けておらず例外的存在となっている。ただし，比較可能な3つの国において，全体としての教育レベルは時代とともに高くなっている。それはこの間に女性の教育レベルが上昇したことを反映したものであるが，同時に秘書に要求される技能の幅が広くなったことを示している（OECD 2002: 65-6）。

　国際事務管理専門家協会（IAAP，第3章参照）がそのメンバーを対象として行った調査（IAAP 2010）によると，高等教育を受けていないものは10.04％のみ，もっとも多いのは大学での単位取得者18.76％で，学士号取得者17.41％と合わせると36.17％に達する。短期大学，コミュニティ・カレッジにおける準学士号取得者15.42％と単位取得者を合わせると27.22％，その他の職業訓練校の1，2年のプログラムを終了したものが11.61％，9ヶ月から12ヶ月を修了したもの7.33％と何らかの高等教育を受けたものが圧

1　スキルにはスキルレベルとスキルの専門分野の2つの面がある。そのうちスキルレベルは，国際標準教育分類（International Standard Classification of Education, ISCED）を用いて表すこととしている。スキルレベルは4段階が想定されている。スキルレベル1（ISCEDのカテゴリー1）は初等教育修了，スキルレベル2（ISCEDのカテゴリー2, 3）は前期・後期中等教育修了，スキルレベル3（ISCEDのカテゴリー4）は，中等教育修了後の大学とは異なる卒業資格，スキルレベル4（ISCEDのカテゴリー6, 7）は高等教育（大学・大学院）修了レベルである（西澤 2006）。

表 5-5　秘書の教育達成度（％）

		義務教育後の就業前教育の年数			
		なし	1〜2年	3〜4年	5年以上
		（全秘書に対する割合）			
カナダ	1986	16	16	29	55
フィンランド	1985	21	11	47	20
	1993	21	15	51	13
フランス	1995	13	43	32	12
オランダ	1985	28	28	51	20
	1995	20	20	61	20
スイス	1995	8	84	84	8
イギリス	1996	52	34	14	・・
アメリカ合衆国注	1985	・・	・・	56	44
	1995	・・	・・	50	50

注：政府機関の秘書のみ
出所：OECD 2002: 66 より作成

倒的となっている。今後さらに教育を受けたいと考えている人たちは6割を越え，女性全体の高学歴化を反映するものであると同時に，多くの秘書が高等教育を必要と考えていることを示している。なお，全体の 42.02％はこの分野の仕事にとどまることを考えている。

　しかしながら，「秘書」が「秘書」と呼ばれることを是認していた時代は既に過去のものとなっている。同じ IAAP の調査によると，職名でもっとも多いのは 'Administrative assistant' (29.87％) であり，'Executive assistant' (22.00％) がそれに続くが，その他の職名はまことに多岐にわたり，'Secretary' そのものは 3.05％ に過ぎず，'Executive secretary'，'Administrative secretary' を合わせても 8.31％のみである。最初に調査が行われた 1989 年にはこの数値は 30％に達していた。'Secretary' はその従属的かつ性差別的なイメージが嫌われ，そのことが IAAP の名称変更を引き起こしたのである。IAAP は，かなり意識の高いメンバーの集まりであるから，上の調査結果が全米標準であるとはいえないが，「30 年前なら秘書

となっていた人たちが今では医師や弁護士になっている」といわれたのは1993年のことであった（Fried 1993: 9）。高等教育を受けた女性たちが「秘書」に抱くイメージが低下していることは否めない。

　女性職の3つ目の問題点とされる将来展望については，秘書は将来展望を持ちがたい「デッド・エンド」あるいは「ゲットー」などと見なされてきた。OECD（2002: 69-70）においても明らかにされているように，秘書の典型的なキャリア構造はほとんどの場合1つもしくは2つのレベルのみである。秘書にもグレードが設けられている国もあり，役員つき秘書もしくは上級の秘書は他の秘書とは給与にもステイタスにもかなりの差があるが，その比率は全秘書の10％強に過ぎない。そのような秘書職内部でのステップ・アップの他に，秘書職以外への経路もあり得る。そのひとつとしてよく見られるのは秘書職の延長線上にある人事・総務的な職種である。もうひとつは全く異なった職種へのキャリア転換である。しかし，Truss（1993）がフランス，英国，ドイツの秘書を対象として行った研究によると，秘書職を離れての昇進の可能性について，秘書自身はあまり楽観的には見ていない。

　秘書のステップ・アップは従来，組織から組織へわたり歩くこと，上級の秘書職に空席ができた時に内部募集に応じることの他に，上司の昇進に付き従って実現する例がよく見られた。その場合，上司の地位に連動して秘書自身の地位と賃金が定められることが多く，秘書自身のスキルと経験を反映しないことは問題視されている（Fried 1993）。

　また，GrimshawとRuberyが公表したオーストラリア，ノルウェー，英国，米国，ドイツの5ヶ国の事務職の賃金分散データによると，ドイツを除く4ヶ国では事務職の賃金水準の幅が狭く，最高値は女性全体の平均よりもかなり低いことが判明した（Grimshaw & Rubery 1997: 56, OECD 2002: 61）。これは秘書のステップ・アップと，それに伴う賃金水準の上昇への機会に制約があることを示しており，秘書にとっての将来展望の欠如を裏づけているといってよい。

　以上，秘書がごくありふれた職種としてどこにでも見られるOECD諸国

において，どのように位置づけられているかを，女性職としての問題点との関連で整理をした。その結果，賃金については，男性職よりは低いが，他の伝統的女性職に比べれば決して低くないこと，ステイタスについては，高等教育を受けた女性にはさほど良好なイメージは持たれていないこと，将来展望は持ちがたいことを示した。

3．女性職としての秘書―韓国の秘書の場合―

　第3節では以上の各点について，韓国の秘書はどのような状況にあるかについて検証する。最初に韓国の秘書職における女性の占有率と集中度を確認しなくてはならないが，残念ながら「秘書」のみの就業者数データは存在しない。秘書は職業細分類「秘書，キーボード・オペレータ及び関連事務員」に含まれているのみで，秘書のみの数値は公表されていない[2]。その上，入手できる最新のデータは1995年のものしかない。この細分類中の女性労働者数は12万6339人，女性集中度は1.5%，女性占有率は約44.2%である（表5-6）。「キーボード・オペレータ及び関連事務員」を含めても，女性集中度は先に紹介した諸国に比べて大変低いものとなっている。秘書のみの女性比率はここでは不明である[3]。以下，女性占有率については，第4章で紹介した企業秘書に関するアンケート結果によって示すこととする。ついで，韓国における集中度の低さについて，オフィスにおけるルーティン・ワークの担い手が異なることによる説明を行う。

---

[2] 韓国標準職業分類は1995年に改正され，2000年にも国際標準職業分類（ISCO88）を基礎として改正，施行されている。現行職業分類では国際標準職業分類同様，秘書は2ヶ所に分類されている。
[3] 日本の数値は2000（平成12）年国勢調査による他ないのであるが，表5-6に示したように，絶対数もごくわずかであり，集中度をとるに足りない数値である。ただ，女性占有率は84.1%と予想通りの高さを示している。

表5-6　秘書職の女性集中度および占有率（韓国・日本）

韓国（1995）	全(人)	男性(人)	女性(人)	集中度(%)	占有率(%)
全雇用者	20,414,000	12,147,000	8,267,000		40.5
事務職員	2,089,650	1,136,517	953,133	11.5	45.6
一般事務職員	1,503,940	968,069	535,871	6.5	35.6
秘書，キーボード・オペレータ及び関連事務員	285,711	159,372	126,339	1.5	44.2
日本（2000）	全(人)	男性(人)	女性(人)	集中度(%)	占有率(%)
全雇用者	62,893,600	37,134,600	25,759,000		41.0
事務従事者	12,423,300	4,769,400	7,653,900	29.7	61.6
一般事務員	11,613,900	4,402,500	7,211,500	28.0	62.1
秘書	53,300	8,500	44,800	0.2	84.1
事務用機器操作員	389,100	112,900	276,200	1.1	71.0

出所：韓国は，KOSIS 2006年11月30日，日本は，総務省 2006より作成

(1) 男性秘書と女性秘書

　第4章で紹介した企業秘書に関するアンケートへの回答により，男女別の人数がわかっている企業について女性比率を見てみよう（表4-3）。A社（通信）男性3名，女性2名，B社（保険）男性1名，女性3名，C社（保険）男性1名，女性2名，D社（電力）男性8名，女性4名，E社（商社）男性1名，女性4名，F社（保険）男性0名，女性4名，G社（人材派遣）男性2名，女性2名という男女構成を見ると，D社のみ男性が多いのを除くと，女性が多くを占めている。また，各社男性1名ずつは，秘書室長や総務課長等であるのが通例であるから，この7社のみのデータから女性占有率を試算することはあまり意味がないのではあるが，男性1名ずつを減じると，男性合計は10名，女性合計は21名となり，Ankerの絶対的定義による女性占有率は67.7%となり，第1節で示した基準を超える女性職の範囲内となる。同じく調査当時の女性労働力率は46.1%であるから，この7社の女性占有率はその1.46倍，Ankerの相対的定義によれば1.5倍以上が女性職であるから，それに極めて近い段階である[4]。

　D社のように男性秘書が多い現象は，上で見たその他のOECD諸国には

あり得ない事態である。しかし，第4章で見たように，男性秘書と女性秘書の担当業務には明らかな違いがある上に，秘書は女性にとっては「職業」であり得ても，男性にとっては社内のキャリア・ラダーのひとつの「通過点」でしかない。それは，ナ・ユンギョン（2006: 112）が述べているような「男子社員が秘書室に配属されるためには，多年にわたる実務経験が必要であるのに，秘書学を専攻した女子社員の場合は，卒業してからすぐ最高管理者の秘書として配属されるケースが多い」事実にも表れている。男性は，長いキャリア・ラダーを通過して後に，「参謀」としてトップ・マネジメントの意思決定に影響を与えるような秘書役割を遂行したり，あるいは秘書職の遂行が自分自身のトップ・マネジメントへの昇進に役立つと認識したりしているという（ナ 2006: 112）。韓国においてはそのような男性秘書が多く見られ，女性比率を下げているのであるが，同じ秘書という職名を持っていても，その担当業務と将来展望は女性の場合とは大きく異なっているのである。

(2) オフィスにおけるルーティン・ワークの担い手

次に集中度（秘書の絶対数と女性労働者全体に占める比率）の低さについてであるが，日本や韓国では秘書のみならず，事務職全体のあり様が多くの欧米諸国とは異なった状況にある。オフィスにおけるルーティン・ワークの担い手に彼我の違いが認められるのである。表5-7は，各国の事務および関連従事者の女性比率を比較したものである。韓国では女性就業者中の事務職比率が低めであると同時に，事務および関連職中の女性比率が他の国々に比べて大変低く，アングロサクソンの国々における上記2種の比率の高さが目立っている。事務職の女性化すなわち女性比率の高さに関する研究が，英語圏において進展した理由のひとつはこの女性集中度と女性占有率の高さによるものであろう。

事務職は女性化した職業のひとつの典型とされている[5]。Mills (1985: 173-

4 　なお，D社を特例と見てD社以外の6社だけを見ると，女性占有率は85%，相対的定義によれば1.84倍と高度な女性職となる。

表 5-7 主要国の事務および関連従事者女性比率（2008 年）（％）

	カナダ	アメリカ	ドイツ	イタリア	オランダ	スウェーデン	イギリス	韓国
全就業者中の女性比率	47.3	46.4	45.3	39.9	45.7	47.3	46.0	41.9
事務及び関連従事者中の女性比率	76.3	75.3	67.3	60.3	69.7	68.8	79.1	50.5
女性就業者中の事務及び関連従事者比率	21.5	21.2	17.4	17.4	18.5	12.6	19.4	17.9

出所：厚生労働省 2010a（原資料：ILO LABORSTA）より作成

98）もまた『ホワイト・カラー』「第9章巨大な事務機構」において，米国において19世紀にはごく小規模であった事務所が巨大化するにつれ，女性の職場と変化した様子を描写している。20世紀に入って事務機構が巨大化するにつれて女性化が進展したことに伴い，「ホワイト・カラー労働者のプロレタリア化」と称される事務労働者の階級的位置の低下が起こったと同時に，事務職の賃金率を低く抑えることが可能になったという（Braverman 1978: 380, 384）。

しかし，事務職を全体として見るのではなく，サブ・カテゴリー別に見ると，「女性化」というのは不正確な見方であることがわかる。事務職をタイピスト，速記者，秘書（以下，秘書および関連職）と，クラーク，出納係，オフィス機器オペレーター（以下，クラーク他）の2つに分類して比較すると，秘書および関連職はごく初期を除くと一貫してほぼ完全な女性占有職であり，クラーク他は確かに女性比率が上昇してはいるが，「事務職の女性化」は秘書および関連職を事務職に含めてしまったことによるという（Crompton 1988）。Cromptonは，LockwoodもBravermanも，事務労働について論じる際に，タイピングや秘書の仕事から例を引くが，それは重大な誤りであるとする。秘書は実質上キャリア・ストラクチャーを持たない職業として知ら

5　1851年の英国における事務職比率は全労働力の1％にも満たなかったが，その後の30年で16.9％に拡大し，1851年に7万人から8万人であった事務職のほとんどは男性であり，女性は19名を数えるだけであったのが1981年には74.4％にも達するようになった（Lockwood 1958）。

れ，従来ステップ・アップは組織内の公式に認められたキャリア・ラダーによるよりも，「ボス」との関係によるものであった。それに反してクラークは，理論上すべての人に開かれていることになっているキャリア・ラダーの最下層に足をかけることを意味した。逆にここで明らかになったことは，女性化された事務職の問題点とされていることは秘書職の持つ問題点に他ならないということである。

さらにいえば，日本や韓国は分離指数の値も他の国々に比べて低くなっている。分離指数（index of dissimilarity, ID）は，労働市場全体の性別分離を示すためにもっともよく用いられる指数である。これはすべての職業において女性比率が等しくなるまでに職業を変更しなければならない女性比率と男性比率を合計したものである。Anker（1998: 187-95）は，国による統計の不統一性の問題をできるだけ回避するため，職業分類を75に加工したデータにより，国別の分離指数を比較した。図5-3はそれを地域ごとに集計し，グラフにしたものである。アジア太平洋地域の性別分離は予想に反して他の4つの地域より低くなっている。Ankerは分離指数と経済発展段階（1人あたりGDP，女性の平均教育レベル，農業人口比率）およびパートタイム雇用比率は無相

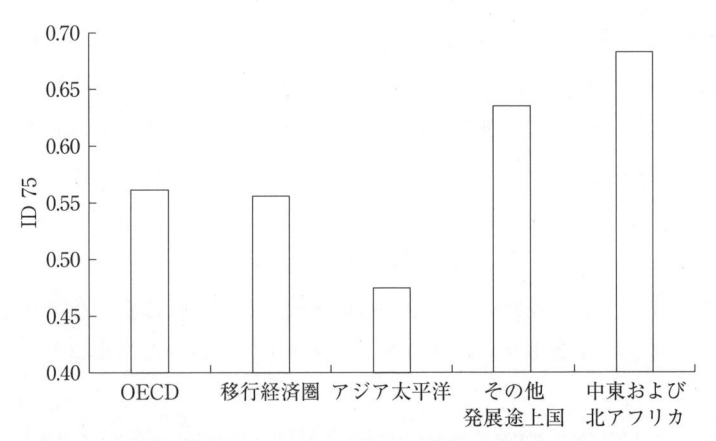

図5-3　分離指数（ID）の地域別比較
出所：Anker 1998: 183 より作成

関であり，文化的，社会的，法的，歴史的要因が性別分離の重要な決定要因であろうと結論づけている。

Brinton (2002) は，オフィス・ワークにおけるジェンダー分離の国による違いに留意し，日韓米の比較研究を行っている。そこで発見されたのは，米国では既婚女性の雇用市場への参入に事務職が大きな役割を果たしたのに対して，日韓では事務職は若い女性によって占有されていることであった。また，日本では Brinton による研究が行われた 1993 年頃までに，ある程度まで既婚女性による事務職への参入が進んでいたが，韓国では事務職に就業している中年女性が非常に少なかったのである。このような米国と日韓の違いが生じた要因に Brinton は 3 つの側面が考えられるとしている。第 1 は人口学的側面である。米国では若い独身女性の数が不足した時期に既婚女性が事務職に吸収されたのに対し，日韓では事務職需要にこたえられる若い独身女性が豊富に存在し続けた。第 2 は，日韓両国におけるオフィスワークの組織化が，社会的・技術的に米国とはかなり異なる経路をたどって進展したことである。Mills や Braverman が既に明らかにしたように，20 世紀初めの米国において事務職の細分化が行われ，その過程で生まれたのがタイピスト，速記者，そして秘書であった。事務が独立した職務名のもとにグループ化され，同時に事務職の女性化が進展したのである。しかし，日本や韓国では職業はもっとあいまいに定義されている。男性新卒者は，ジェネラリストとして採用された後数年間は，オフィスにおけるルーティン・ワークのかなりの部分を「基礎トレーニング」として担当する。事務は女性が占有するものとはならなかったのである。第 3 は文化的な規範である。米国においては，年齢は日本ほどステイタスを決定する重要な要素ではなく，教育資格と地位が年齢に優先するが，日本や韓国では年齢との関係が深い。若い女性事務職という存在であればジェンダー，年齢，地位の一貫性を持つものとして受容されるという。

オフィスにおけるルーティン・ワークを，米国では幅の広い年齢層の秘書および関連職が担ったのに対して，日本や韓国では男性新卒者と若年女性事

務職がともに担ってきたのであるが，そこに大量の秘書の存在はなく，秘書職が高い集中度を示す結果とはなっていないのである。

(3) 韓国女性秘書の賃金，ステイタス，将来展望

　ここでは，韓国の女性秘書職が賃金，ステイタス，将来展望の3点においてどのような状況にあるかを聞き取り調査の結果をまじえつつ明らかにしてみよう。回答者のうち，R1-R9は梨花女子大学秘書学科出身者，D1-D23は2年制専門大学のD大学秘書専攻課程出身者である。事例および調査対象者のプロフィールは資料5-1に示した。梨花女子大学出身者の聞き取りは，1995年から2005年にかけて行ったもの，D大出身者の聞き取りは2005年に実施したものである。

1）賃　　金

　先にも述べたように位置づけというのは，比較対象を何とするかによって異なるのであるが，まず賃金について見てみると，1970年代後半に外資系銀行に就職したR1の場合，入職時の賃金は一般に比べて30%も高く，男性もうらやむほどであったという。同時期に韓米合資の石油会社に就職したR2の場合も，初給こそ一般のクラークより高かったものの，同期のクラークは女性も男性と同等に昇進したのに比べ，いつまでも秘書のままであったために，逆転現象が起こってしまった。そこで部署の異動を希望し，営業部への異動を果たしたのである。

　ユ・ヒョンゾンが『金融界秘書の経歴管理に関する研究』(2005)において調査対象（第2次調査）とした秘書職従事者14名（全員大卒以上）の年額賃金は2500～3500万ウォンであったものが最多の8名，2名が3500～4500万ウォン，4名が4500万ウォン以上であった。この14名の平均年齢は35歳，平均総勤務年数は11年7ヶ月である。年額賃金2500万ウォンの場合これを月額換算すると約208.3万ウォンとなる。もっとも低いこの額でも2002年大卒女性平均賃金月額の約186.6万ウォンを上回る（表5-8）。年額賃金4500万ウォンの場合の月額375.0万ウォンは，10年以上勤続の場合の男性平均

表5-8 平均賃金・初年度平均賃金・勤続10年以上平均賃金（月額）
（2002年）（万ウォン，％）

	平均賃金	初年度		10年以上
	全	全	事務職	全
専門大学卒				
女性	128.5	88.7	87.0	199.8
男性	191.0	110.8	111.5	267.7
格差	67.3	80.0	78.0	74.6
大学卒				
女性	186.6	118.0	107.8	280.9
男性	273.4	148.0	130.6	354.3
格差	68.2	79.7	82.5	79.3

出所：韓国女性開発院 2004: 302-3, 310-1 より作成

賃金月額の約354.3万ウォンをも上回る。大卒で秘書として就職した場合と，特に長期に継続して秘書職にある調査対象の女性に関する限り，賃金水準は決して低いものではない。

　D大における聞き取りによると，D大出身者の場合，初年度の給与年額は1500万から1700万ウォン，これは他学科より高い水準である。梨花女子大学出身者の場合は2400万から多い場合には4000万ウォンにもなるとのことであった。初年度平均賃金月額が専門大卒で88.7万ウォン，年額に換算して1064.4万ウォン，大卒で118.0万ウォン，年額に換算して1416万ウォンであるのに比較すると，相当に高めの賃金水準である。表5-8に示した男性賃金と比較するとその格差ははっきりしているが，事務職全体の平均に比べると幾分格差は小さい方となっている。

　このように，秘書の賃金自体は女性の中では決して低い水準ではないのだが，男性とは格差がある上に，秘書のままでいると賃金の上昇に限界がある。それは，他の事務職のような昇進可能性が限定されているためで，下で取り扱う3）将来展望と密接な関係にある。

2）ステイタス

　本章第2節において，高等教育を受けた女性が「秘書」に抱くイメージの低下について述べた。ところが，この事情は韓国ではかなり異なっている。まず第1に，日本や韓国のような国において，外国語を駆使して国際業務をこなすためには第3章で触れたように高等教育を受けることによって獲得される高い外国語能力と国際的教養，そして高度な業務遂行能力が必要とされるからである。

　第2には，トップにしか秘書が配置されないことがあげられる。欧米型の作業組織においては従来さほど上位のマネジャーでなくとも秘書が補佐するのが通例であった。もちろん今では人件費を抑制するために秘書がつくのはごく上級のマネジメントに限られてきているし，先のIAAPの調査によると，ひとりの秘書が補佐する上司の数は1から2名が45.01%であるが，3から4名が27.98%，5から10名以上も17.97%，11名以上も5.48%存在する。韓国においてはどの職場にも当たり前に配置されるというより，上位のマネジメントに限定して配置される少数精鋭的イメージを持っている。

　第3に，国内トップレベルの梨花女子大学において秘書が養成されているということも秘書のイメージを高めていることであろう。また第4に，韓国は秘書以外の採用においても容貌を手がかりとすることにあまり抵抗を見せない社会である。2005年3月24日に朝鮮日報のウェブ・ニュースに紹介された調査によると，男性の22.5%，女性の27.5%が「他の能力が優秀であるのに，ただ外見のために入社試験でおちた」と回答している。しかも，これについて「外見の影響力を最小化できる案を用意すべき」との回答が25.6%あるものの，「望ましくないが避けられない」が45.0%，「外見も一つの競争であるため，当然」が29.0%もある。93，96ページでも述べたように，韓国においては秘書であることが容姿端麗に結びついており，秘書のイメージはそのような面においては，さらに良好といってよい。

　D大秘書専攻課程出身者の場合，回答者によって印象は異なるが「同級生の友人はほとんど秘書職についている」（D10），「秘書職でなくても秘書と

かかわりのある職種についている」(D4)，「同級生は秘書職と事務職（総務と人事）が半々」(D5, D8) と，多くは秘書として就業している。現在秘書である回答者も，秘書以外の事務職についている回答者も，その多くは「秘書職を続けたい」(D10)，「もともと秘書職につきたかった」(D1)，「秘書として働きたい」(D12) と考えており，一般の事務職ではなく秘書職を希望していることを示している。

しかし，そのような良好な秘書のイメージにも限界を感じる人たちもいる。「秘書職の限界を感じ，他部署へ移りたいという気持ちがあったときにちょうど人事からの要請もあり，自分で希望して異動した」「秘書としての限界を感じ……本格的に実務者として成長できる機会だと思って現在の会社に移った」(D7)，「秘書もいいが職務としての限界（自分の意思でやるというよりは上司からさせられている仕事が中心になる）のため秘書よりは事務の方がいい」(D8) などがそうである。限界を感じる理由の第1は「単純業務」(D4, D5) であることである。

証券会社顧問秘書のR3は，R1，R2よりはるかに若い世代（面会当時20歳代）であるが，「最近の女性はアクティブなので，秘書はあまり魅力的な仕事と見なされなくなっている」と語った。また，日本の秘書教育がそうであったように韓国の秘書教育においても秘書は「専門職である」との位置づけが志向されたのであるが（ヨン・ジュヒョン他 1995），R3は「専門職とは認識されていない」という。国際的に見ても，韓国内においても秘書を専門職ととらえるには無理があるといってよいだろう（第4章参照）。

梨花女子大学秘書学科の学生が2002年に調査したところによると，図5-4のように秘書学科の在学生が「卒業後，現実的な与件を考慮して興味のある職種」は秘書が3割強，金融界が約2割[6]，「卒業後，現実的な与件を考慮しないで興味のある職種」は秘書が約2割，4年生に至っては1位が事務管理職（一般の事務職のこと，一般事務ではない），2位が秘書と金融界となってお

---

[6] 「金融界」は日本語の「金融業」にあたろうが，これは業界を表し，他の選択肢は職種であるため，金融界の中にも秘書が含まれる可能性がある。

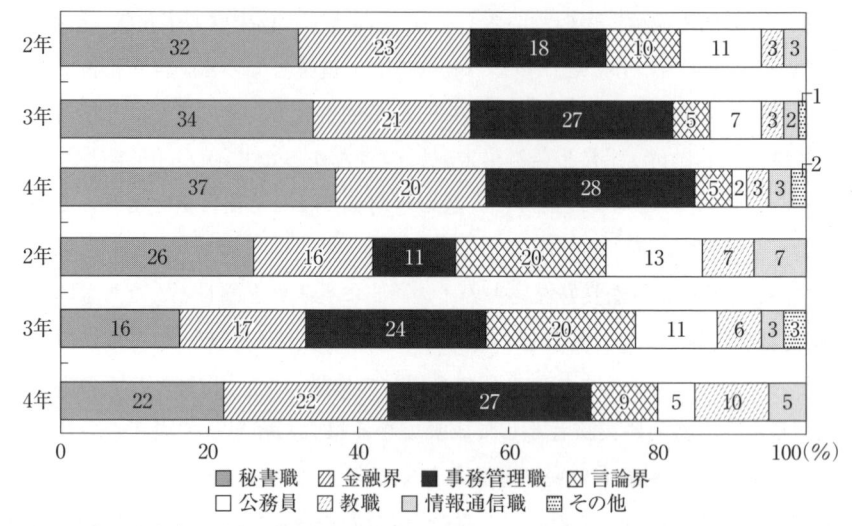

2年	32	23	18	10	11	3	3
3年	34	21	27	5	7	3	2 1
4年	37	20	28	5	2	3	3 2
2年	26	16	11	20	13	7	7
3年	16	17	24	20	11	6	3 3
4年	22	22	27	9	5	10	5

■秘書職　金融界　■事務管理職　言論界
□公務員　教職　情報通信職　その他

注：上段：卒業後，現実的な与件を考慮して興味のある職種，下段：卒業後，現実的な与件を考慮しないで興味のある職種

図5-4　梨花女子大学秘書学科在学生の希望職種

出所：梨花女子大学秘書学科 2003 より作成

り，4年制大学では秘書専攻課程においてもそれほど多くが秘書を希望するわけではない（梨花女子大学秘書学科 2003）[7]。先に引用したユ（2005）においても大多数の回答者らが，「専門秘書の役割に対する期待と社会と職場内の秘書に対する低い期待と認識，偏見の差」を克服することに対する困難を訴えている。大学では「秘書は専門職であり，組織において重要な役割を果たす」と教えられてきたのに現実の社会ではさほどではなかったことにとまどいを覚えている。キャリア転換の動機としても「秘書業務に対する懐疑」があげられている。

秘書職に限界を感じる理由の第2も，次に触れる将来展望の欠如との関連が深い。

---

[7] 秘書学科学生が秘書学科の学生各学年30名を対象に実施。

3）将来展望

　将来展望に関しては，第1に就業継続年数，第2に昇進の可能性に着目し，第3に非正規化にも触れておかなければならないだろう。第1の就業年数に関して，R2は専門大学において長く秘書教育を担当しているが，「秘書は若いうち」の職業とされているという。確かにR1，R2より上の世代では結婚退職が当然とされていた。R2は秘書から営業への異動は果たしたものの，結局結婚後も続けられる職場を探し，外国銀行に秘書の職を得た。R4は結婚当時日本商社に勤めており，当然のように退職するところであったが，上司のすすめで同社としては初めて結婚後も勤務を継続することとなった。しかし身分は嘱託である。その後会社の方針も変わり，社員への復職が可能となり，ほとんどの同期が名誉退職（早期退職）する中，人事研修チームの部長代理を務め，定年まで勤務を全うした。

　しかし，R4のような例は稀であった。R5は大手の外資系広告会社勤務の後大学・大学院で秘書教育にあたっているが，「秘書は若いうちの職業か」という質問に対する回答は「最近では長く働けるようになっている」というものであった。しかし，「長く」は「10年くらい」とのことであり，R4のように定年までという勤続は想定されていない。

　また，D大出身者に関する限りは「秘書職は結婚したら年齢制限がある」「妊娠したら他の部署に移る」(D4)「結婚したら辞めざるをえないという会社の雰囲気」「出産休暇は考えられない状況」「出産後も働きたいと思っている人は転職している」(D8)「50代になって秘書として勤務している人はほとんどいない」(D2)「（現在派遣の役員秘書）仕事を探している。派遣なら秘書の仕事をしながらやりたいことができる。正社員の場合は結婚後も続けられる人事で探している」(D5) など「秘書は若いうち」を裏づけるような発言が多く見られた。

　第2に「昇進機会がない」(D5) という点について，R3の事例を見ると，R3は以前はグループ内他社の社長秘書であったが，社長の異動とともにD証券に移り，社長が顧問となったのに伴い顧問秘書となった。面会時（1997

年）に既に最初の昇進試験である代理試験には合格していた[8]。R3の場合，他の仕事に変われば代理として仕事ができるが秘書としてはその可能性はない。企業の規模が小さいので部課長になってまでするような秘書の仕事はないということであった。面会当時R3はMBAを取得するため大学院で勉強中で，証券アナリストを目指していた。

　R3の例に見られるように，秘書の昇進は上司の昇進に連動している場合がある。上司が異動する際にともに異動するよう求められることは，秘書としてはそれまでの業績が認められたことを意味するのだが，逆に上司が昇進しなければ秘書の評価もあがらないという事態を引き起こす。Fried（1993）が秘書の給与額の決定に際して，秘書自身の能力を基準にすべきであると強く主張したのはそのためであった（第2節参照）。

　R5は秘書の評価の問題を解決するために，企業に対してひとつの提案をして受け入れられた。R5は，教職につく前に外資系大手広告会社で秘書を務めていた。外資系では通常秘書は，Junior Secretaryから Senior Secretary を経て，Executive Secretary さらには Office Manager とグレード・アップすることができる。しかし，R5の勤務先では，Executive Secretaryであった優秀な先輩秘書が「ミス誰々」と呼ばれていた。「ミス誰々」という呼び方はごく普通の平社員に対する呼び方で，R5はこれでは周囲に秘書の仕事の重要性が認識されないと考え，企業側と交渉をし，他の社員同様「課長」「次長」「部長」という昇進経路を実現させた。これは稀有な事例であるが，女性の昇進可能性の高い外資系企業においても，秘書の昇進経路が通常の昇進経路とは別になっていることを示している。

　第3の非正規化に関しては，「高卒や短大卒の秘書の9割以上は，勤務先企業が運営する派遣会社に属している」「転職して秘書となったが，正規社員に転換されるときに隣のチームの事務職として発令された」(D1)，「秘書は正規では採っていない」(D9) など，将来展望を持ちがたい状況が語られ

---

[8] 韓国の組織の階層構造は日本とよく似た会長—社長—副社長—専務—常務—部長—課長—代理となっているが，日本より少ない年数で上の階層に昇進する。入社後数年で代理となる例が多い。

た。通貨危機以降の非正規労働の深化は秘書にも及び，「(専門大卒は) 私以降は正社員として採用していない」(D1)，「女性の中で3分の2は契約社員」(D13) という企業もあった。しかし，回答者の中で非正規社員として働いているのは大企業に集中している。これは，大企業では組合が強い力を持っており，正社員の解雇が難しいため，企業側が非正規社員を選好するからだという (R5)。

　以上，女性職の主要な問題点とされる3つの点について，韓国の女性秘書がどのような状況にあるかを検証した。第1の賃金の点では，男性との比較では確かに低いが，他の女性労働者と比較すると決して低くはなく，女性としてはむしろ高めといってよい。
　第2のステイタスの点においても，賃金同様比較対象を何とするかによってその位置づけは異なるのであるが，外国語関連とくに外資系の秘書は業務の重要度も高く，比較的高いステイタスを享受している。専門大学の秘書専攻課程修了者には，限界を感じる人たちもいるにせよ，その他の事務補助職よりは比較的良好なイメージを持たれている。しかし，4年制秘書専攻課程の学生および卒業生にとっては必ずしも優先順位の高い職種ではないようである。
　第3点の将来展望については，秘書はまだまだ「若いうちの職業」とされ，就業継続が望まれていない場合が多く，女性側も「若いうち」と認識していること，昇進の可能性が低いこと，大手を中心に非正規化が進展していることから将来展望を持ちがたい状況が確認された。

4．女性・母親役割への期待

　秘書は，Braverman (1976) が「バベッジ原理の純粋な表現」と呼んだように，権限委譲によって専門職・管理職従事者が，より生産的な仕事に専念する時間を創出する役割を担う極めて合理的な分業のシステムである。その

ために必要なスキルは、事務処理のスキルを中心とするが、それだけあれば誰でもがこなせる職務というわけではなく、巧みな対人コミュニケーション・スキルが不可欠な職業である。しかし、果たす役割はあくまでもサポート機能に過ぎない（OECD 2002: 68）。また、グループを補佐する、あるいは組織を補佐する場合もあるが、元来は補佐するべき上司を持つことを特徴としており、上司は男性、秘書は女性という組み合せが多くを占めてきた。

　そのような秘書と上司の関係の独特のあり方を、Kanter (1977) は、「オフィス・ワイフ」や「結婚のメタファ」で象徴されるものとし、Davies (1982) は「サーバント」と表現し、Golding (1986) は、上司と秘書の不平等な関係を「保護」(patronage) と「服従」(deference) という枠組みでとらえた。Kanter が描いたのは1970年代の秘書であるが、21世紀の今もそのようなイメージが消滅したとはいえない。また Gutek (1988) は、事務職の女性を論じる中で、女性役割への期待が職場に持ち込まれていると述べている。職場において人は（女性自身も含めて）女性には女性にふさわしい振る舞いを期待する。さらにそれは、その職種内の男性比率、女性比率に影響され、ジェンダー非対称な職種においては数的に支配的な性の影響を受ける。それは秘書の場合、上司に忠誠であることであり、忠誠は女性性に関連する特性である。他に感じのよいこと、世話好きな性質を持っており、協力的であり、後ろに控えていることや他の誰かの達成を支援することを好み、時には性的対象であることなどが事務職を象徴する女性役割であるという。さらに Gutek は、事務職の特徴とされる低賃金や昇進可能性の低さも、ジェンダー役割が持ち込まれていることによるという。事務職は女性比率が高いため、事務職は女性ステレオタイプと一致すると見なされ、女性は受動的で、競争を好まず、仕事志向でもなく、ケアを好む性質を持っており、昇進にはあまり関心がなく家庭中心であるというステレオタイプが事務職にもあてはまるものとされる。ひとりずつの事務職は別として、事務職はグループとしてはそのように見られているのである。そのため、管理職は事務職の昇進機会を制限することになるという。なお、Gutek が述べているように、秘書は事務

職中最大のグループであり，ここで Gutek が事務職の女性と呼んでいるものの多くは秘書が占めていると考えてよい。第1節で示した女性職と女性ステレオタイプとの密接な関連同様，上司との関係において秘書の職務にはステレオタイプ化された女性の資質やジェンダー役割への期待が織り込まれているのである（小泉 2000）。また，たとえば弁護士を補助するパラリーガルという仕事は，本来業務の事務処理だけではなく，感情処理まで含むという（三橋 2006b: 237）。パラリーガルには，弁護士に対するケアリングの感情労働も期待されることから，「母親業」(mothering paralegal) と称される。秘書にも同様に，献身的な母のような感情労働が求められがちであり，女性役割と同時に母親役割が期待されるといってよい。

　韓国においても，秘書教育界を中心として秘書職は女性の社会進出の足がかりとなるといった肯定的な見方がある一方，秘書に求められる感情労働やケア労働に注目する動きも見られる。オ・ソンミン (1998) やウ・ヒョンジ (2001) は，秘書を始めとする「女性化」された職業では，「見えない労働」が，公式業務とは認められていないものの，その労働のほとんどを占めていることを指摘しており，それは秘書の場合具体的には「お茶くみ」や「上司のプライベートな業務」などの必ずしも公式業務とはいえない労働を指している。先に引用したナ (2006) は，韓国秘書学会の学術誌『秘書学論叢』に初めて登場したフェミニズム視点による秘書および秘書教育研究である。ナは，専門大学における航空機客室乗務員と秘書をともに教育する航空秘書科（ジョンジュ工業大学），スチュワーデス秘書コーディネーター科（ウソン情報大学），航空秘書学部（東洋大学）等の存在が，女性秘書と女性客室乗務員に期待される役割に，共通点があることを示すと指摘している（ナ 2006: 110-1）。これは，女性労働者に対して，専門性よりは女性的なケアを期待する社会の認識を反映しているといえる。

　韓国の文脈においては，①秘書の役割を上司の意思決定の補佐・参謀ととらえるか，単純な事務処理のどちらととらえるか，②お茶くみをどう位置づけるか，③外見を基準とした採用をどうとらえるかの3点が論議の的となる。

ナは，秘書業務の目的を「上司の意思決定の補佐・参謀」と規定する「秘書学概論」のテキスト等においても，美しく整理されている事務室の写真や，秘書の親切な応対マナーが強調されていることから，秘書業務の「公式性」と「非公式性」との間に乖離があるという（ナ 2006: 108）。教育の場では強調される専門参謀としての秘書論と，実際の秘書役割の間に矛盾が見られるのである（ナ 2006: 115）。前者のような参謀の地位にあがるのは男性のみであって，女性秘書のキャリアは短期で終わるのが通例なのである（ナ 2006: 119）。

お茶くみは，「歴史的にジェンダー化された労働」（ナ 2006: 120）として否定的に認識されるのであるが，教育の場ではこのような業務を「職業意識形成に役立つもの」あるいは「人脈形成の経路」などと意味化することも行われる（ナ 2006: 120）。外見による採用は，法的には男女雇用平等法（2001 年の細則改定）によって規制されてはいるものの，実質的には慣行化されているという（ナ 2006: 121）。大学によっては，入学の選抜にも外見を基準としているといわれており，女性自身に外見は重要であるという意識を内面化させるという問題を持っている（ナ 2006: 122）。

上記いずれの点をとっても，韓国において女性秘書には男性秘書とは異なった基準が適用されており，固定的伝統的な性別役割を期待される存在といえよう。しかも，そのような役割を果たすことが性別役割意識を再生産することとなる。

このような特徴を持つ秘書職が，秘書教育を受けた女性たちにどのように受け取られているのかについては，第 6 章および第 7 章で検証することとしたい。

以上，女性職は，欧米諸国においては女性集中度および女性占有率によって定義づけられるが，韓国においてはオフィスにおけるルーティン・ワークの担い手が欧米諸国とは異なるため，大量の秘書を生む事態とはならなかったことを示した。しかも，韓国には他国にはあまり見られない多くの男性秘

書が存在する。しかし，意思決定参謀の役割を担う男性秘書と，比較的単純な業務処理を担う女性秘書では，描けるキャリア・パスも全く異なっている。しかしなお，女性占有率は高く，女性・母親役割への期待は韓国の秘書をも女性職として特徴づけている。

　女性職の主要な問題点は，一般に，低賃金，低ステイタス，将来展望の欠如の3点とされるが，欧米の秘書の場合，賃金は女性職の中では必ずしも低いわけではないが，否定的かつ性差別的なイメージを持たれていること，将来展望を持ちがたいことを示した。韓国の秘書の場合，賃金は女性としてはむしろ高めであり，一般的な認識としては比較的良好なイメージを持たれている。この点において，欧米の女性職・秘書職研究による知見は，韓国の秘書には必ずしもあてはまらない。しかし，将来展望を持ちがたいことと，女性・母親役割が期待されているという点において，欧米の秘書と共通の女性職と位置づけることができる。

【資料5-1　事例の概要】
R1：秘書→人事→マーケティング→起業
　　　R1は1970年代終わりに秘書学科を卒業後，バンク・オブ・アメリカのソウル支店に審査部秘書として入社した。当時は同銀行でも結婚退職は当然とされていた。この職は賃金も一般に比べて30％以上も高く男性もうらやむほどであったという。その後部長秘書に昇進，人格と学識が高く学ぶべき点が多いこの上司に仕えて仕事をするということは，価値ある体験であったという。その後短期間支店長秘書を務めたが，同銀行でも結婚後も働けるようになったことに加えて，周囲の秘書以外の事務職女性が責任者レベルにまで昇進しているのを見て，他の部署への異動を希望し，人事部への異動が認められた。そんな中，社内でコンピュータ教育の専門家を育てることになり，それを担当することになった。自宅にコンピュータを購入してまでの勉強の成果があがり，会社から賞をもらうほどであった。1990年，審査部においてマーケティングを担当するポストが与えられ，グローバル・キャッシュ・マネジメントの韓国マーケティング担当責任者として成果をあげることができた。その後会社は大きなプロジェクトにとりかかることになったが，これはあまりにも規模が大きすぎ，R1はこれを否定的に考えざるを得なかったため，退職して新事業を始めることとした。新事業はヘッドハンティングと教育企画を主業務とするコンサルティング会社である。
R2：秘書→営業秘書→（大学院）→教職

R2 も R1 同様，1970 年代に卒業後，韓米合資の石油会社に入社，クラークセクレタリーを務めた。クラークセクレタリーというのは，普段は人事部で事務をしながら，役員秘書に休暇などで空席が生じれば秘書として仕事をする職種である。3 ヶ月ほど後に役員秘書に空席ができ，韓国人副社長の秘書となった。よい条件ではあったが，せっかく受けた秘書教育，特に英語の能力を発揮することができなかった上に，女性社員は結婚すれば退職することになっていたため，結婚後も勤務できる職場を探し，外国銀行に秘書の職を得た。外国銀行は勤務条件も待遇もよく，結婚後も働き続けたい女性たちには羨望の的であった。ここで秘書として働く間に，2 人の子どもを出産し，家庭を第一としながら会社生活を続けることができた。しかし，子どもたちが成長するにつれ，単調で反復的な業務と，それ以上の自己啓発が困難で，一般のクラークに比べて昇進が制限されている秘書の将来性に対する憂慮などが頭をもたげてきた。一緒に入社したクラークたちは，女性も男性と対等に昇進し，代理，課長などに昇進していたのに比べ，秘書として入社した人たちは，初給こそクラークより高かったものの，いつまでも秘書のままで残り，立場が逆転してきていたのである。そこで部署の異動を希望し，営業部へと異動した。ところが異動した最初の日，米国系銀行に勤務する友人から電話があり，その銀行と同じグループの証券会社が韓国に支社を開設することになり，支社長が秘書を探しているとのことであった。創立メンバーとしてのメリットなどを勘案し，もう秘書職にはつかないつもりであったが，その申し出を受けることにした。投資銀行での業務は，秘書にも投資銀行分野の専門知識が必要とされ，勤務時間も厳しいものとなった。しかし，家族と会社の理解のもと大学院に進学して財務管理を専攻し，修士号を得ることとなる。その後母校の教授のすすめにより，大学で教えるようになり，最終的には専門大学の秘書行政科の教授として，後に続く若い女性の教育にあたることとなった。

R3：秘書→（大学院）

　R3 は，「専門秘書」として採用された。以前はグループ内他社の社長秘書であったが，社長の異動とともにＤ証券に移り，社長が顧問となったのにともなって顧問秘書となった。1997 年当時，既に最初の昇進試験である代理試験には合格していた。R3 の場合，他の仕事に代われば代理として仕事ができるが，秘書としてはその可能性はない。なぜなら，企業の規模が小さいので部課長になってまでするような秘書の仕事はないからということであった。当時 R3 は 20 歳代で，MBA を取得するため大学院で勉強中で，証券アナリストを目指していた。R3 の意見では秘書は専門職とは認識されていないとのことであった。

R4：秘書→嘱託→秘書→基幹職

　R4 は 60 年代終わりに梨花女子大学卒業後，日本商社に入り，機械部長の業務補助を担当した。4 年後この商社は合併することになり，R4 も担当業務

は変わらないまま合併先へと異動した。その後要請があって支店長秘書となり，事務職にもかかわらず情熱を持って業務に取り組んだという。2年ほどたって結婚することになり，当時は当然とされていた結婚退職を決め，後任も推薦したが，上司と本人の希望が合致して継続して勤務することになった。身分はしばらくの間嘱託であったが，会社の方針も変わり，既婚女性も働けるようになったため，社員に復職することができた。社外で韓国専門秘書協会を設立して活動するようになったことで支店長と摩擦があり，しばらく翻訳業務に異動し，3年ほどは苦しい時期を過ごした。そののちまた総務部長業務の補佐をするようになり，その間に事務職にはなかった昇格制度ができ，R4も係長，ついで基幹職に転換して課長に昇進，人事研修チームの次長を経て退職時は部長代理となっていた。

R5：秘書→秘書→（大学院）→教職

　　R5は（2005年当時38歳），最初に就職した企業から転職し，大手外資系広告会社の秘書となった。トップ・マネジメントの秘書として，本社，世界中に285あるオフィスとのやりとり，政府関係者との交渉など大変やりがいのある立場にあった。結婚・出産後も秘書の仕事をしながら秘書教育にも携わっていたが，時間的に大変であったことから秘書を辞め，大学院博士課程に進み，その後専門大学秘書行政科に職を得た。最近4年制大学レベルでは，秘書という職種に対する否定的な見方があるため，専門大学での人気の方が高いという。秘書の昇進と役職名については，秘書にも通常の課長―次長―部長という役職名を適用することを求め，それを実現させた。R5はそのような役職名が使用されることによって，秘書の重要性が社内外に認識されるべきであると考えたわけである。

R6：秘書

　　R6は職についてまだ間もなく，3ヶ月の試用期間中である。日本企業の企画室で企画業務を習得しつつ，社長秘書も兼任している。R6が梨花女子大学経営大学在学中は2年生の終わりに経営学科に進むか，秘書学科に進むかを選択することになっており，秘書学科の教員からの誘いがあったことに加えて，これからのキャリアを考えて就職率の高い秘書学科を選んだという。しかし，経営大学を選んだこと自体，将来を広げるためのステッピング・ストーンと考えており，秘書だけを目標としているわけではない。R6の勤務先はコース別雇用管理を行っており，一般職3年の後，総合職転換試験が受けられるため，R6も転換を目指している。「秘書は若いうちの職業」といわれていることについては，最近の若い女性は仕事を辞めようとは思っていないという。この企業ではR6の前任者は40歳代であったし，総合職に転換した先輩，課長に昇進した女性もいる。通貨危機後，韓国では「平生職場」（生涯にわたる職場）という概念は消え，転職をすることによって能力を伸ばすという考え方が広がっている。R6もここで働くことが自らの経歴となると考えている。

R7：秘書→秘書→秘書→（大学院）→秘書

　　R7は1995年に大学を卒業後，4度の転職を経て，現在はある持ち株会社で秘書を務めている。所属する業務支援チームは，グループ内企業の要人のサポート，総務，広報を担当する。R7の職務内容は，一般的な大手企業秘書室の業務に等しい。卒業後まずドイツの化学会社で社長秘書を務め，2番目は国内生命保険会社の名誉会長秘書，ここでは年俸が30%あがった上に，大企業オーナー秘書という自負心を持つことができたという。3番目の企業は米国消費財企業で，肩書きはOffice Administrator，ここではそれまでとは異なる業務を学べること，会社が急激に成長していた時期のため，（外国企業でまた積むつもりであった）自らの経歴にプラスになると考えたこと，勤務条件（給与，出退勤時刻，駐車，休暇，教育機会など）が欧州企業よりもよかったことが魅力であったとのことである。4番目の企業にはいわばスカウトされたような状況であった。通貨危機にもかかわらず年俸が20%引き上げられたこと，また社長とR7が創業メンバーで会社とともに成長できると考えたことから転職を受け入れ，入社後認められて1年で代理，2年で課長に昇進することができた。尊敬できる上司であったこともあり，この職場はもっとも大変であったが同時に充実しており，R7の経歴にとって重要な意味を持つ職場であった。5番目の現在の勤務先は，大学院在学中に論文だけを残した段階でヘッドハンティングされた。勤務条件がこれまでの中でもっともよく，国内大企業に再就職できる最後の機会と考えた。（女性役割を期待される秘書という職業を選択することについては）自負心を持っている。最近は能力のすぐれた女性が，従来は男性優位であった分野に多く進出している。しかし，秘書職は職務記述書には表現し切れない人の感情，人そのもの，そして業務が集中するところである。その中でそれらを調和させるようにマネージすることは決してたやすいことではない。上司や他の従業員の信頼を得てこそ関係は完璧となり，情報の流れがよくなる。また責任感と誠実さを認められ，完全な仕事を成し遂げるならば，他の従業員の何倍もの成果をあげることができる。R7は積極的でリーダーシップのとれる性格のため，多くの人々から秘書職よりも管理職につくべきだといわれるが，自分は他の人とは差別化された「マインドとサービス」で，上司にベストな補佐をすることができる秘書であると考えており，そのような秘書職を好んでいる。

R8：秘書→秘書→秘書→（大学院）

　　R7同様，2人の子どもを育てながらも，就業後に梨花女子大学大学院に戻り，スキルアップを図っている。96年に大学卒業後すぐの職場では秘書を務めたが，この職場は自分には合わないと感じたため，1年で金融機関へ移った。そこでは，オフィス・マネージャーとアナリストを兼任し，課長となった。働いている理由は，自己啓発と経済的理由である。専攻した秘書と関連のある仕事をずっとしたいと考えている。夫も全面的に自分の意思を尊重してくれている。家事も一部手伝ってくれる。子どもの世話は，個人的に世話をし

てくれる女性に頼んでいる。今後も現在の職場に勤め続けるかどうかはわからないという。就職に役立つと考えて，ワード・プロセッサーと秘書検定の2級の資格を取得したが，実際にはあまり関係がなかった。秘書が女性役割を期待される職業であるという見方に対しては，本人の適性に合いさえすれば，将来展望は良好と考えるとのことである。

R9：大学院
　　研究者である父とともに渡米し，米国で少女時代を過ごした。韓国内の有名私大の工学部でセラミックスの研究をした後，梨花女子大学大学院の国際事務学専攻で秘書になるための勉強をしている。秘書の果たす女性役割については，秘書は女性にふさわしい職業だと考えているとのことであった。

　なお，R1，R2，R4は，島本他（2003）に執筆してもらった文章を中心にまとめた。他の事例は聞き取りによる。

	D1	D2	D3	D4	D5	D6	D7	D8
年代	20代後半	20代後半	30代前半	30代前半	20代後半	30代前半	20代後半	20代前半
職歴 (担当業務)	事務 秘書 事務	秘書／編集	秘書／編集	秘書 秘書 秘書	秘書 秘書	貸付	秘書 秘書 基幹業務	秘書

	D9	D10	D11	D12	D13	D14	D15	D16
年代	20代後半	20代前半	20代後半	20代前半	20代前半	20代前半	30代前半	30代前半
職歴 (担当業務)	秘書 秘書 人事	秘書	預金	秘書	秘書 秘書	秘書	事務	秘書

	D17	D18	D19	D20	D21	D22	D23
年代	20代後半	20代後半	20代後半	20代後半	20代前半	30代前半	30代前半
職歴 (担当業務)	総務 人事	秘書	秘書	秘書	テラー	秘書 秘書 事務	秘書

第6章
梨花女子大学秘書学科にみる二重規範

　秘書という職業がどのような職業であるかは前章において確認した。梨花女子大学秘書学科（現国際事務学科）は，そのような職業につくことを前提とする学科であった。しかし，国内有数の大学である梨花女子大学に属する一学科として，その学生に対し，一方で高い教育達成・職業達成を求めながら，一方では女性職である秘書への就業を求めるという意味において，秘書学科はその学生に対し，二重規範を提示してきたのではないだろうか。

　もとより学校という機関は，学業達成と性別役割分業を同時に要求する，女子にとって矛盾に満ちた場であり，この矛盾した要求にいかに対応するかによって女性内分化が生じるという（中西 1998: 206）。本章では，学校組織研究の手法を用いて，梨花女子大学およびその秘書学科のチャーターおよび文脈変数を中心に検討することにより，それぞれがどのような大学・学科なのかを明らかにし，「性役割観」と「進路展望（職業選択）」をめぐって秘書学科が提示してきた二重規範を規定する。

1. 学校チャーターと文脈変数

　学校教育効果にもっとも大きな影響を及ぼすのは学校についての社会的定義とされている（竹内 2004: 4）。これが「ある学校が，ある属性を備えた人間をつくりだしてもよいとする社会からの承認，あるいは免許」（中西 1998: 206），すなわち「(学校) チャーター」と Meyer が名づけた外部効果である（Meyer 1970a, 1970b, 1977）。チャーターはその学校に対するイメージのこと

であり,「その学校でいかなる人間がつくりあげられるかを社会的に正当化する作用をもつものであり,進路規定要因として極めて重要な要素」(中西 1998: 150) である。

　学校教育効果については,「社会化」モデルとそれに対抗する「配分」モデルが認められている。「社会化」とは「人びとが社会規範 (social norm) への同調を習得する過程」(Abercrombie他 2000: 308) である。「社会化」モデルは,学校教育の加工処理効果によって人びとは社会の中に配置されていくとする,学校教育効果についての伝統的理論であり (竹内 2004: 9),生徒が知識,能力,価値,志向性といった諸特性を獲得する学校内部メカニズム (社会化メカニズム) に着目する (中西 1998: 69)。それに対して「配分」モデルは,学校内部の社会化プロセスは不問のまま,特定の学校の生徒とその卒業後の地位や進路との関連に着目するものである (中西 1998: 69)。

　中西 (1998: 68) は,チャーター理論を社会化理論と配分理論を統合したものととらえ,配分効果に基づく社会化効果の存在に着目する。チャーター効果のメカニズムを中西は以下のように説明している (図6-1)。チャーター理論は,「卒業後の地位,進路」が「正当化効果」を媒介にして学校内部の

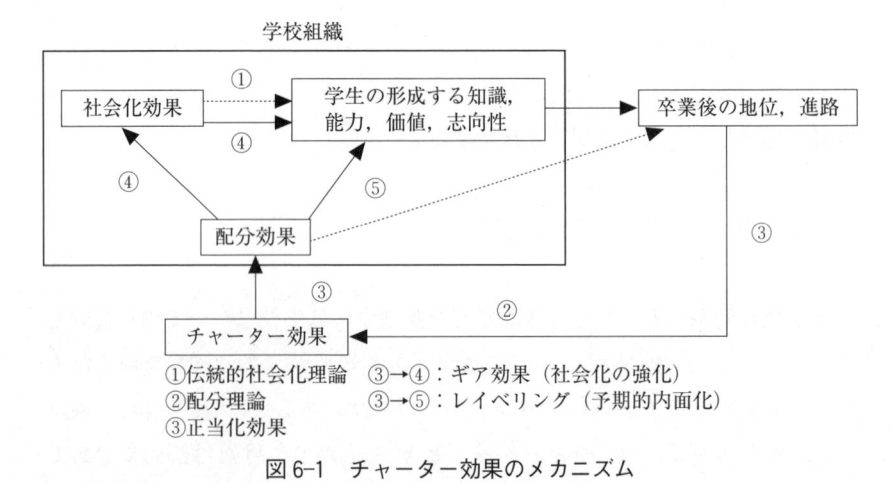

①伝統的社会化理論　　③→④：ギア効果（社会化の強化）
②配分理論　　　　　　③→⑤：レイベリング（予期的内面化）
③正当化効果

図6-1　チャーター効果のメカニズム

出所：中西 1998: 69

社会化，配分の方向性を規定するという立場に立つ (中西 1998: 69)。チャーター効果は，社会の正当化機能を背景として，学校内部の社会化の方向性を強化 (ギア効果) し，生徒の進路に関する予期的社会化を促す (レイベリング)。以上が，本章で用いるチャーターの概要である。

次に，文脈変数とは，King (1973) が学校組織研究のために提示した組織変数 (活動変数，構造変数，文脈変数) のひとつで，学校組織が存在する状況，社会的文脈のことをいう。

2. ジェンダー・トラックによる分化

「トラッキング」と呼ばれる概念は，「学校間あるいは学校内には，学力水準に基づいて形成される一種の『層（トラック）』が存在するが，……異なるトラックに属する生徒の卒業後の進路選択の機会と範囲を制約するメカニズムのことを指す」(中西 1998: 17) とされている。トラッキング概念は，教育社会学分野において，「生徒の進路というものが決して本人の自由な選択や成績のみによって決まるものではなく，学校教育の組織構造によって規定されることを示す」(橋本 1998: 130) ものである。日本において1970年代の高等学校に生起していた学校格差を，「社会化と配分」という教育社会学の主要な理論に取り込み，その意味するところを明らかにした画期的な概念であった (飯田 2001: 259)。

しかし木村 (1996, 2006) は，女子の優等生には2種類あり，伝統的な女性役割を内面化している者とそうでない者がいるという。学校の要求する「男女共通の学業達成」に適応した学力優秀な女子生徒の中にも，「女らしさを保ちつつがんばる『しとやかな優等生』」と，「男と対等にがんばる『男まさりの優等生』」が存在するというのである。中西は，男子のように学業成績だけでは説明のつかない女子特有のこのような進路分化パターンに着目し，学力水準に基づくトラックを，アカデミック・トラックと呼び，ジェンダーに基づいて学校や生徒・学生が形成している「層構造」をジェンダー・ト

ラックと呼んだ（中西 1998: 154）。ジェンダー・トラックは，学校組織を構成する女子教育観や生徒・学生の内面化する性役割観の差異に基づいて，学校間で形成される「層」構造である（中西 1998: 12）。

中西（1998）は，高校ばかりでなく大学も，性役割の社会化とそれに基づく配分の装置となっていることを確認した。さて，中西の実証研究によれば，大学組織の特徴と学生の持つ性役割観および進路展望の間には対応関係が見られるという。表6-1は中西が性役割観尺度を用いた調査の結果，学生の内面化する性役割観を大学別に集計したものである[1]。女子大学を「職業系」から「教養系」への連続的尺度の上にのせた場合，「職業系」大学の学生の性役割観は流動的であり，「教養系」大学の学生の性役割観は伝統的である。

「職業系」の大学とは，キャリア女性の養成機関としてのチャーターを持ち，実際に行われている教育活動や果たしている機能も，それに適合的な大学のことである。「教養系」の大学とは，教養女性の養成機関としてのチャーターを持ち，実際に行われている教育活動や果たしている機能も，それに適合的な大学を指す（中西 1998: 133）。

また，進路展望のうち「希望する職業」を，より威信の高い地位につくことが可能である「総合職」と「専門職」，職業威信スコアが中位～下位に位置する「一般職」，「準専門職」，「女性占有職」とまとめると，大学間格差が顕著に現れている（表6-2）。すなわち，「職業系」の大学の学生には，より威信の高い地位につくことが可能である職業への就職を希望するものが多く，「教養系」の大学には「一般職」，「準専門職」，「女性占有職」の希望者が多くなっている。

表6-1, 6-2は学力水準上位の者に対象を限っている。学力範囲を拡大した調査結果が表6-3, 6-4である。ここでは，情操教育，母親教育を目的に設置されたという特徴を持つ大学を「教養婦人（家庭婦人）養成系」大学と

1　性役割観尺度は，回答者が男女に要求する特性観の差に着目し，「一般に，男性，女性にとって次のことはどのくらい大切だと思いますか」という設問に対する回答に基づいて算出された。詳細は，中西（1998: 48-51）を参照されたい。

表6-1 大学組織と性役割観（入学難易度がほぼ同程度）（％）

大学 性役割観	職業系		中間		教養系		いずれにも属さない	全体
	A大学 (115)	B大学 (39)	C大学 (136)	D大学 (120)	E大学 (67)	F大学 (67)	G大学 (79)	(623)
伝統的（強）	13.0	7.7	18.4	16.7	23.9	25.4	34.2	19.7
（弱）	20.9	12.8	20.6	17.5	26.9	28.4	32.9	22.6
ニュートラル	18.3	25.6	18.4	22.5	22.4	11.9	16.5	19.1
（弱）	20.9	20.5	19.1	17.5	17.9	14.9	12.7	17.8
流動的（強）	27.0	33.3	23.5	25.8	9.0	19.4	3.8	20.7

注：$x^2=54.02$ d.f.$=24$ p.$=0.000$
出所：中西 1998：137 より作成

表6-2 大学組織と希望する職業（入学難易度がほぼ同程度）（％）

大学 (N)	職業系		中間		教養系		いずれにも属さない	全体
	A大学 (116)	B大学 (39)	C大学 (136)	D大学 (120)	E大学 (67)	F大学 (67)	G大学 (79)	(624)
①総合職	31.4	37.1	24.2	21.8	15.5	15.9	17.8	23.2
②一般職	3.9	20.0	18.9	14.5	34.5	54.0	23.3	21.5
③専門職	17.6	11.4	7.6	8.2	0.0	1.6	2.7	7.7
④準専門職	24.5	5.7	25.8	30.0	19.0	7.9	38.4	24.1
⑤女性占有職	0.0	0.0	1.5	6.4	13.8	4.8	5.5	4.2
⑥創造的職業	14.7	14.3	12.1	10.0	6.9	6.3	5.5	10.3
①+③	49.0	48.5	31.8	30.0	15.5	17.5	20.5	30.9
②+④+⑤	28.4	25.7	46.2	50.9	67.3	66.7	67.2	49.8

注：1 その他，無回答は表記が省略されている。上段：p.＝＜0.001
　　2 中西は，学生の希望する職業を，以下の6つに分類した（職名は調査時点のまま）。
「総合職」：民間企業総合職，公務員国家一種・地方上級，外務公務員，国際公務員
「一般職」：民間企業一般職，公務員国家二種・地方中級，アナウンサー
「専門職」：弁護士，裁判官，検察官，税理士，公認会計士，医師，大学教員，研究職
「準専門職」：教員，学芸員，司書，薬剤師，カウンセラー，通訳
「女性占有職」：幼稚園職員，保母，看護婦，スチュワーデス
「創造的職業」：音楽家，作家，芸術家，翻訳家，雑誌・書籍編集者，新聞記者，デザイナー，スタイリスト，イラストレーター，放送・音楽プロデューサー，ディレクター

出所：中西 1998：138 より作成

定義し，理系や社会科学系の専攻領域を設置しており，職業との関係が明確なカリキュラム，チャーターを持つ大学を「キャリア婦人養成系」と定義している（中西 1998: 196-7）。

　表6-3 からは学生の内面化している性役割観が，入学難易度（アカデミック・トラック）よりも大学チャーター（ジェンダー・トラック）の影響を受けており，「キャリア婦人養成系」大学の学生の方が「教養婦人（家庭婦人）養成系」大学の学生よりも性役割観が流動的であること，大学チャーターを統制した場合には，成績上位者の方が性役割観が流動的であることがわかる。表6-4 によれば，職業希望についてもアカデミック・トラックの影響と同時に，より鮮明な形でジェンダー・トラック間の分化が見られることがわかる。次節では，梨花女子大学がいかなるチャーター／文脈変数を持つ大学であるかを分析する。

3．梨花女子大学のチャーター／文脈変数

　梨花女子大学の大学チャーターを把握するに先立って，女子大学という社会的文脈に触れておく必要がある。今日まで女子大学の担ってきた機能は，「女子に"ふさわしい"高等教育」を提供する機能と，女子教育の機会を拡大する「アファーマティヴ・アクション」としての機能（中西 1998: 113）に大別することができる。しかし，韓国においても他国同様，女子大の数は1990年頃には激減し（牧野 1998: 58），2005年4月の段階で，4年制大学173校のうち女子大学は7校のみ（2010年現在も同数），2，3年制大学158校にも女子大学は9校しか存在せず，共学化が進んでいる（ナ・ユンギョン 2006: 3）。米国のミルズ女子大学が，共学化をめぐる激しい論争を経て，女子大として残存することを選択したのは1990年のことであったが，ミルズ女子大学の場合も「アファーマティヴ・アクション」としての機能を認めたからこその残存であった。かつて多くの女子大が志向していた「女子に"ふさわしい"高等教育」は，伝統的価値観に基づくものであったが，後に見るように，現

表6-3　大学組織と性役割観（学力範囲を拡大）（％）

	四大難		四大易		短大		全体 (552)
	キャリア婦人養成系	教養婦人養成系	キャリア婦人養成系	教養婦人養成系	キャリア婦人養成系	教養婦人養成系	
(N)	L大学 (66)	M大学 (156)	P大学 (76)	Q大学 (59)	S短大 (109)	T短大 (86)	
伝統的	13.6	42.3	27.6	66.1	27.5	43.0	36.6
ニュートラル	27.3	32.7	21.1	16.9	26.6	27.9	26.8
流動的	59.1	25.0	51.3	16.9	45.9	29.1	36.6

注：$x^2 = 64.64$　d.f.$= 10$　p.$= 0.000$
出所：中西　1998: 198 より作成

表6-4　大学組織と進路選択（学力範囲を拡大）（％）

	四大難		四大易		短大		全体 (574)
	キャリア婦人養成系	教養婦人養成系	キャリア婦人養成系	教養婦人養成系	キャリア婦人養成系	教養婦人養成系	
(N)	L大学 (66)	M大学 (163)	P大学 (78)	Q大学 (63)	S短大 (115)	T短大 (89)	
①総合職	38.6	13.7	27.3	8.3	23.0	2.9	18.5
②一般職	17.5	36.3	21.2	8.3	36.5	62.9	33.9
③専門職	7.0	2.7	16.7	0.0	4.1	0.0	4.9
④準専門職	22.8	30.1	10.4	6.3	9.5	10.0	18.1
⑤女性占有職	10.5	8.2	6.1	68.8	2.7	15.7	15.2
⑥創造的職業	3.5	8.2	7.6	8.3	21.6	4.3	9.4

注：中西による職業の分類は以下のとおりである（職名は調査時点のまま）。
　「総合職」：民間企業総合職・専門職，公務員国家一種・地方上級，外務公務員，国際公務員
　「一般職」：民間企業一般職，公務員国家二種・地方上級，SE，アナウンサー
　「専門職」：弁護士，裁判官，検察官，税理士，公認会計士，医師，大学教員，研究職
　「準専門職」：教員，予備校・塾教師，薬剤師，医療関係技術者，カウンセラー，福祉関係職，ソーシャルワーカー，学芸員，司書，社会教育関係職，通訳
　「女性占有職」：幼稚園職員，保母・保父，看護婦・看護士，スチュワーデス・パーサー，秘書
　「創造的職業」：音楽家，作家，芸術家，翻訳家，雑誌・書籍編集者，デザイナー，スタイリスト，イラストレーター，放送・音楽プロデューサー，ディレクター，俳優
出所：中西　1998: 200 より作成

在梨花女子大学が目指す「ふさわしさ」はそれとは異なって，現代の女性に「ふさわしい」もの，すなわち伝統的価値観から脱却したものと見るべきである。

さて，梨花女子大学のチャーターは，外部機関による大学評価記事を検討することにより迫る。中西はチャーターを市販の受験雑誌に記載された大学評価記事で代表させた（中西 1998: 86）。韓国にも同様の受験雑誌があるが，近年はウェブサイトの利用が主流となり，受験雑誌には学校案内は掲載されなくなっている。ここでは韓国大学教育協議会がそのウェブサイトに掲載していた記述を使用する（2006 年 5 月 2 日）。この記述からは，研究機能に重点をおくと同時に「女性専門人力」の育成を目指す大学の姿勢を読み取ることができる。「人力」は「人材，労働力」という意味である。「女性専門人力」は，特に専門職を意味するのではなく，「専門的な知識と能力を持って活躍する女性」という意味合いである。

> **建学理念**
> 　韓国の教育理念とキリスト教精神に基づき、女性の人間化と女性専門人力の養成を通じて国家及び人類社会の発展に寄与する。
>
> **大学特性と発展計画**
> 　研究にポイントを置く大学院中心の大学体制を構築して、世界的な学問発展を導く。そして、グローバル化・情報化等、人類社会の時・空間的な教育環境の変化に応じるオープンな教育体制を志向する。2010 年までに世界的レベルの名門大学に跳躍して、国際競争力を持つ女性専門人力を輩出する。また、大学発展の核心戦略として新しい時代の要求に応じる女性の強みと言える生命科学・情報通信・デザイン・国際学・女性学の分野等を特性化する。

次に，沿革を始めとする 12 の項目について検討する。この 12 項目は，中西（1998）が日本の女子大学の大学組織を分析するにあたって用いた文脈変数である。

以下，特に断らない場合は梨花女子大学のウェブサイトが提供する情報に

よる。

①沿革　1886年宣教師 Mary F. Scranton（スクラントン夫人）により，韓国で初めての女子教育機関「梨花学堂」として，ソウルの民家においてたった一人の学生を教えることにより創設された。「梨花」の名称はその翌年，朝鮮王朝第26代国王（大韓帝国初代皇帝）の高宗より下賜されたものである。日韓併合の1910年大学を設立したが，日本の統治下において梨花は専門学校への降格を余儀なくされ，名称も民族的色彩があるとして一時「梨花」から変更されたこともあった。しかし，1945年の解放後，どこの大学よりも早く，大学として教育部（省）の認可を受けた（表6-5参照）。

②設立目的　設立の目的は，韓国の女性を封建主義の圧迫から解放し，

表6-5　梨花の歴史

1886	米国メソジスト派聖公会宣教師スクラントン夫人創設
1887	高宗皇帝「梨花」の称号を下賜
1910	大学を新設
1914	付属幼稚園設置経営（朝鮮総督府許可）
1925	梨花女子専門学校認可
1933	梨花学堂と梨花学院に財団分離
1946	梨花女子大学校設立認可（第1号）
1955	梨花女子大学校付属国民学校設置
1955	梨花女子大学校付属中学校設置
1958	梨花女子大学校付属高等学校設置
1960	金蘭女中・高等学校設置
1968	金蘭女中・高等学校を梨花女子大学校併設で登記
1969	梨花女子大学校併設英蘭女中・商業高等学校設置
1996	梨花女子大学校併設英蘭女子中・商業高等学校を英蘭女子情報産業高等学校に校名変更
1999	梨花女子大学校併設金蘭女中・高等学校を金蘭中・高等学校に校名変更
2001	梨花女子大学校師範大学付中・高等学校と梨花女子大学校併設金蘭中・高等学校を梨花女子大学校師範大学付属梨花・金蘭中・高等学校に統廃合

出所：梨花女子大学 2007年3月8日より作成

女性たちに人間らしい生活をもたらすことであった。
③設置主体　メソジスト派聖公会による。
④大学規模　卒業生14万5870人（学士のみ。修士，博士を合わせると18万1431人），学生数2万1246人を誇る世界最大の女子大学である（2010年4月現在）。
⑤学部数　23学部（梨花女子大学への聞き取りによる）。
⑥理系　1996年，女子大学では世界初の工学部を設置した。
⑦大学院　博士課程有り。
⑧系列校　付属幼稚園，付属小学校，付属梨花・金蘭中学校，付属梨花・金蘭高校，併設英蘭女子中学校，併設メディア高校。
⑨教官構成　女性教官率は52%である（Hahm In Hee 2006）。
⑩入学偏差値　古いデータであるが，新入生の65%は大学学力テスト成績が上位5%以内，62%の学生は高校のクラスで7%以内（牧野 1998: 62）と，学力レベルは大変高い[2]。
⑪初年度納付金　881.9万ウォン（2010年度）。これは，延世大学，秋渓芸術大についで3番目の高さである。ただし，この額は学科平均によって算出している。全国平均（4年制一般大学176校）は684.5万ウォン（朝鮮日報 2010年5月1日）。
⑫就職率　表6-6参照

　沿革から明らかなように，梨花女子大学は歴史のある伝統校である。設立者は宣教師の女性であり，設立目的は女性に教育機会を与え，女性を解放するアファーマティヴ・アクションとしての女子大学といってよい。教育目的は，「キリスト教精神に基づいた女性教育の近代化，女性教育の機会拡大，女性指導者の育成，男女が平等な調和した社会への方向づけ」とされている。1910年の日韓併合後の時代に，大学と保育所が他に先駆けて設置された。

2　韓国では偏差値は用いられない。また，学校ランキングのようなものは公開されていないこと，修学能力試験（日本のセンター試験にあたる）の他に論述試験を実施して合計点によって合否を決める場合のあること，入学査定官制といって多様な方面から様々な基準で入学させる場合もあることなどから，学力レベルを客観的に示すことには困難がある。

当時の学長 Frey は，女子学生たちの勉学意欲と職業意識の強さを熟知しており，韓国女性の教育機会を拡大するため，質のよい教育を受けた女性リーダーを養成することが急務と考えたという。その他，ウェブサイト上の教育理念，教育目的，教育目標等を通じて，女子教育機関としての使命は強調されているが，母や妻，家庭という文言は出現しない。

学部構成は医学，薬学を含む23学部からなるいわゆる総合大学である。中でも女子大学では世界初の工学部を有することは大きな特徴である。大学院は大多数の学部の上にあり，学生総数中の院生比率は28.1％にのぼる。併設，付属の中学・高校等を持ち，それは学校独自の伝統と校風が培われることを意味する。52％という女性教官比率は，2005年の韓国全体の女性教官比率（4年制）が教授12.5％，副教授14.7％，助教授19.7％，講師30.1％であるのに比べると，大変高いものとなっている。

入学難易度については，受験雑誌による修学能力試験の学部単位の合格範囲の点数（400点中）は，経営学部の場合，レベルが高いことで知られる高麗大学で360-380点の範囲を主とし，成均館大学は360-370点，西江大学は360-370点，韓国外国語大学は355-365点，漢陽大学は355-360点，梨花女子大学は345-355点と女子大以外と比べても相当な高さである（大成学院・大成学力開発研究所 2006）。韓国大学教育協議会が発表した「2004年大学学問分野評価」によると，梨花女子大は新聞放送・広告広報学分野で第1位となったほか，総合評価でも釜山大・漢陽大（ソウル）・漢陽大（安山）・仁荷大と並んで最優秀大学（40大学中）と評価された（中央日報 2005年2月21日）。中央日報が1994年から実施している全国大学評価においても，2005年9位（123大学中），2006年も9位タイである（中央日報 2006年9月26日）。

表6-6 梨花女子大学の就職状況（2006）（％）

学部	就職率	フルタイム比率
音楽	90.5	19.7
造形芸術	72.0	46.7
体育科学	77.9	52.6
教育	83.5	49.5
法学	41.4	13.8
医学	88.5	87.2
看護	91.2	91.2
薬学	92.9	88.2

出所：Hahm 2006 より作成

表6-7 専攻分野別性別大卒就職率（2005）（％, 人）

	全	人文科学	社会科学	自然科学	医学・薬学	芸術・体育	教職
全	65.0 (154,542)	62.0 (20,966)	59.8 (39,040)	65.0 (58,754)	89.9 (10,629)	74.0 (16,836)	60.8 (8,317)
女性	62.3 (74,147)	59.9 (14,290)	57.5 (18,859)	59.0 (17,648)	90.0 (6,380)	71.5 (1,0987)	60.1 (5,983)
男性	67.7 (80,395)	67.0 (6,676)	62.2 (20,181)	67.9 (41,106)	89.8 (4,249)	79.3 (5,849)	62.6 (2,334)

出所：韓国女性開発院 2007年1月20日より作成

　初年度納付金は私立大学のうち，もっとも高い水準である。これにより，学生の出身階層を推し量ることができる。次に就職率に関しては，全国的な就職率は表6-7に示したように医学・薬学系を除くと低い水準である。表6-6は梨花女子大学の2006年の就職状況の一部であるが，8割以上の就職率はここに示した音楽，教育，医学，看護，薬学の他に工学，経営学，7割以上は人文科学，社会科学，自然科学，造形芸術，体育科学，生活科学と，法学部を除いては抜群の高さを誇っている。さらに特筆すべきは，1977年に国内初の「女性学」講座を開設し，82年には大学院女性学科修士課程を新設，90年には女性学科博士課程認可，そして95年にはアジア女性学センターを開設したことである。女性学の設置は，カリキュラムを明確に特徴づけるものである（中西 1998：127）。

　女子大学を「職業系」から「教養系」への連続的尺度の上にのせた場合，梨花女子大学は「職業系」に位置づけることができる。また，「キャリア婦人養成系」大学か「教養婦人（家庭婦人）養成系」大学かと問うた場合は「キャリア婦人養成系」と見なすことができる。

4．秘書学科にみる二重規範

(1) 秘書学科のチャーター

　次に，秘書学科のチャーターを明らかにする。学校組織研究は，主として学校ごとの差異を見るために行われるが，専攻分野は入学以後の進路を規定

するばかりでなく，予期的社会化，すなわち将来の職業やライフコースを知覚し，それに適合した専攻分野を選択することは入学以前に始まっている（中西 1998: 70）。そのため本章では，秘書学科のチャーターも明らかにしておかなくてはならない。もちろん，秘書学科は梨花女子大学の一学科として梨花女子大学自体のチャーターに大きく支配されている。しかも，少なくとも 2006 年の学科名称変更に至るまでは，秘書という職業を目指すまさに「職業系」の学科であったし，名称変更後もその点に変わりはない。下に記載した受験雑誌の学科説明は，2005 年のもので，専攻名がまだ秘書学であった時のものである。

専門について

 高度産業社会で経営者の業務遂行を効果的に補助し，国内外の会社で専門スタッフとしての役割のできる有能な秘書，及び，企業の必要とする専門行政要員としての役割と，国家公務員として正確で迅速な判断力と創意力を開発させ，立派に業務が遂行できる人材を養成することが目的である。

卒業後進路

 企業、政府機関、外資系企業、金融界、言論界、女性団体等に進出することができる。最近は、大学院への進学や海外への留学が多くなっている。まだ新しい分野であって、開拓者的な性格を持っていることから、発展の可能性と将来性のある学問だと言えよう。

出所：megastudy 入試情報室 2005

 学科がウェブサイトに記載している教育目的は，2006 年の学科名変更前は以下のとおりであった。

教育目的と教育目標 (2005)

 秘書学専攻は<u>経営・経済専門知識と情報管理能力</u>，コミュニケーション能力をそなえた専門職業人を養成することを目的とする。

1. 与えられた課題を成功的に遂行できる<u>積極的態度と業務能力</u>を養成する。
2. 組織のウェブ情報を含む多様な形態の情報を組織・保安・管理する能

> 力を養成する。
> 3. 組織の構成員間の効果的なコミュニケーションを可能にするグローバル・ビジネス・コミュニケーション能力を養成する。
> 4. <u>組織内の各種会議および国際行事を企画・組織・管理できる能力を養成する。</u>

　2006年の学科名変更後には教育目的の下線部は第3章章末の資料3-1（下線部）のように変更されたが，教育目標における改変は上の下線部の「積極的態度と業務能力」が「積極的態度，職業意識と業務能力」に，「組織内の各種会議」が「組織内外の各種会議」となっている程度である。

　2010年現在は，第3章でも述べたように2006年の教育目的のうち下線部分（資料3-1）が改変されている他は同じである。

　これらを見ても明らかなように，梨花女子大学秘書学科は，梨花女子大学自体と同様の，あるいはさらに強固な「職業系」「キャリア婦人養成系」の学科といえる。しかしながら，秘書学科は秘書という職業自体が持つ社会的文脈によって規定される。秘書学科に対して社会が付与するチャーターは，前章で見たとおり，女性職としてのそれである。確かに，賃金の点では女性一般に比べれば決して低いものではなく，同学歴の男性に比べてもひけをとらない。ただし，昇進可能性が低いため就業を継続すると男性占有職とは差がつく構造となっている。また，ステイタスに関しては，欧米等においては秘書職の補助的・従属的な面が否定的に見られるようになっているのに対し，韓国においてはある種のステイタスを伴う職種となっている。それはトップ・マネジメントとともに職務を遂行することとともに，特に外資系・大企業の秘書の場合，有能さと美貌の証明となることなどによる。しかし，将来展望の欠如については，結婚退職が普通であった時代には問題とならなかったが，賃金同様，長期にわたって就業をすると問題点として浮かび上がり，英語圏でデッド・エンド（行き止まり職）と呼ばれるような事態を招くこととなる。しかも，秘書という職業は性別職域分離の最たるものとして，職場における女性・母親役割を引き受ける職業なのである。

(2) 二重規範を規定する

　梨花女子大学秘書学科では，上記の「職業系」「キャリア婦人養成系」チャーターのもと，秘書という職業を，「働く女性の先進的モデル」として提示してきたといえよう[3]。日本の女子大学研究の知見が韓国においても通用するとすれば，大学組織として「職業系」特徴を持つ梨花女子大学とその秘書学科の学生は，流動的な性役割観を持つ，すなわち伝統的な性役割観から解放されている度合いが高いものと思われ，職業選択においても高い職業達成が期待できる職業を選択する傾向が強いはずである。ところが，秘書という職業は女性職のひとつとして，女性役割・母親役割の遂行を奨励し，先進的モデルという像を否定する側面を持っている。前者は秘書学科が明示的に発するメッセージ，後者は秘書学科が内包するメッセージといってよい。

　このような学校教育の発するメッセージの二重性を，木村（1996）は「平等原理」と「セクシズム」(性差別主義)ととらえた。平等原理は，「男女は同じ人間として，同じことをすべきだし，そうできるという近代市民社会の平等原理のメッセージ」であり，「性を捨象して考える中性化のメッセージ」である。もう一方は，「『男女は異なる存在として，同じことをしてはいけないし，できない』というセクシズムのメッセージ」であり，「性による差異化をめざすメッセージ」である（木村 1996: 157-8）。

　セクシズムは，男女平等の原則がフォーマルなものとされている教育の世界では，「かくれたカリキュラム」として伝達される。秘書学科の場合，それは「かくれたカリキュラム」なのであろうか，それとも「かくれていないカリキュラム」なのであろうか。秘書という女性職を養成するという意味において，女性職即セクシズムととらえる人にとってそれは「かくれていない」カリキュラムである。しかし，第5章で触れたお茶くみのような業務が，決して「女性として当然」と明言されることはなく，「職業意識形成に役立

3　先に述べたように，梨花女子大学が1977年の段階で女性学を導入したことは，韓国における先進的な女性政策の策定に大いに寄与し，女性の職業観形成に大きな影響を与えたものと考えられる。

つもの」あるいは「人脈形成の経路」などと「意味化」されていることから考えると，セクシズムはいわば偽装された形でしか現れず，その意味において「半ばかくれたカリキュラム」といえるだろう。秘書学科では，たとえば次のような形で学生に対しての説得が行われる。

 秘書の仕事は，上司の個人的な用務を元々含むものである。それが否定されなければならないものであれば，なぜ秘書を使うのか。学生には，もしお茶くみが仕事の50％以上なら辞めなさいといっている。10～20％であれば，それも仕事のうちである。スチュワーデスや看護師と同じで，ケアも仕事のうちである。それが部分的であるならば，それも仕事のうちである。上司の家族旅行のアレンジを秘書がすべきかどうか迷うようなら，次のように考えるようにと指導している。上司もともに出かける家族旅行なら，それは仕事のうちであると（秘書学科教員への聞き取りによる）。

 教育の側も，単純な反復的業務や女性・母親役割への期待とそれに対する疑念を周知しており，それに対する指導は，決して「女性だから引き受けなさい」ではなく，「業務の内である」と意味化することによる説得方法をとる。それによって，相矛盾する二重規範に対処するのである。

 学校組織研究の手法によって明らかになったように梨花女子大学とその秘書学科は，「職業系」あるいは「キャリア婦人養成系」であり，秘書を「働く女性の先進的モデル」として提示してきた。ところが，秘書という職業は女性役割・母親役割の遂行を奨励する規範を併せ持つ。従って秘書学科の提示する二重規範は，「一方で，働く女性の先進的モデルを推奨しながら，他方で女性・母親役割を奨励するもの」と定義することができる。

 もとより学校は，平等化の装置であるかのように見えながらもジェンダーの再生産機能を担っており，学校組織の社会的文脈により形成されるジェンダー・トラックが，アカデミック・トラックよりも強力に女子学生の性役割観や進路展望を規定するのであるが，梨花女子大学秘書学科の場合，それは

特に明確な二重規範として提示される。そのような二重規範のもと，進路選択，職業選択においては多様な選択行動がとられる。次章では，事例を通して，韓国において秘書職の持つ意味とその変化を二重規範とのかかわりにおいてとらえ，女性職の選択について考察を行う。

第7章
秘書職をめぐる選択行動

　前章で見たように，梨花女子大学秘書学科が提示する規範は，一方で高い教育達成と職業達成を奨励し，働く女性の先進的モデルを推奨しながら，他方で女性役割・母親役割の遂行を奨励する二重規範となっている。韓国でもトップ・レベルの女子大学において教育を受けた女性が，そのような学科と職業を選択するに至ったのはいかなる理由によるものであろうか。この章では，事例を中心に，高等教育進学と就業に際しての選択行動と，秘書としての就業後のチャネルを見ることによって，韓国において女性職としての秘書が持つ意味とその時代による変化を，前章で規定した二重規範とのかかわりにおいてとらえる。それにより，韓国において秘書職の持つ意味を明らかにし，女性職としての秘書の今後の方向性，最後に女性職の選択について考察する。

1. 専攻分野の選択と就業選択

　秘書となるには，必ずしも秘書教育を受ける必要はなく，また検定試験に合格する必要もない。しかし，第3章で述べたように，韓国の高等教育（1995年からは実業高校においても実施）における秘書教育は，梨花女子大学を頂点として，80年代から2000年代にかけて他の4年制大学，専門大学においても広く行われてきた。それでは，高等教育進学機会における秘書教育課程の選択要因と，その後の就業に際しての秘書職選択要因はどのようなものだったのであろうか。この節では，梨花女子大学秘書学科卒業生（以下，梨

花女子大生）の事例を中心に，専門大学秘書専攻課程卒業生（以下，D大生）と比較しつつ，上の2つの機会における選択行動および就業後のチャネルと二重規範とのかかわりについて論じる。事例の概要は第5章章末の資料5-1に示したとおりである。

(1) 専攻分野の選択

　最初に取り上げるのは，高等教育進学にあたっての専攻分野の選択機会である。秘書専攻課程以外には，選択肢としてどのような学科があったのか，またその中から秘書専攻課程を選択した理由は何であったのだろうか。専攻分野の選択にあたって他に候補となっていたものとしては，梨花女子大生の場合は，「英語英文学科」（R2, R7）「新聞放送学科」（R8）があげられた。いずれも梨花女子大学でも特に人気の高い学科であり，英語英文学科は「エリート女性の代名詞」のような学科として知られてきた（R2）。D大生の場合は，「スチュワーデス」（D2, D3, D16, D20, D22）「ホテル経営・観光」（D10, D18, D21）「幼児教育」（D2, D7, D20）「英語」（D1, D6, D12）などがあげられ，梨花女子大生の場合と同様，学科選択の幅は限られた「女性向き」であったが，D大生では特に伝統的な女性分野が目立っている。その他には「経営学」もあげられたが，この事例では大学修学能力試験の点数が，進学を考えていた別の大学の合格最低点に幾分不足したために秘書学科を選択したという（R6）。D大生でも「経営学」（D15）があげられていたが，「自分には秘書が向いている」と適性を考えて秘書学科を選択したとのことであった。

　秘書学科を選択した理由としては，「秘書の仕事に魅力を感じたこと」（D3他7名）と並んで「就職に役立つ」（D1他5名）が主としてあげられた。「将来の見通しがよい」という表現がしばしばとられることがあるのは，就職に役立つという意味合いとその後の職業生活に役立つという意味合いを併せ持っていると考えられる。この点について両大学の差はあまり見られない。2003年に発表された学生自身による調査結果においても，秘書学科の選択理由に

は，「就職率が高い」「ビジョンがあると考えた」「カリキュラムが良い」が上位にあげられている（ハン・アルム他 2002: 20-1）（表 7-1）[1]。就職の簡単ではない中で，就業機会の確保可能性を重く見て，秘書学科を選択しているのである。しかしながらその選択が，秘書という女性職であること，その他の選択肢もまた女性職の範囲内であることから考えると，「女性役割」に抵抗のある場合は，もともと秘書学科を選択することは少ないものと思われるのであるが，中には，米国で育ち，韓国内の有名私大の工学部でセラミックスの研究をした後，梨花女子大学大学院の国際事務学専攻で秘書になるための勉強をしている事例がある（R9）。R9 はその理由を，「秘書は女性にぴったりの仕事」と考えたからだと答えているが，恐らくは米国で平等主義の洗礼を受け，伝統的女性分野ではない工学を選択したと考えられる女性が，女性職の典型である秘書専攻課程を選択している。秘書職を自らの高学歴に見合った「働く女性の先進的モデル」ととらえると同時に，女性にふさわしい仕事ととらえており，このような事例では個人の中にも二重規範が混在していると見てよいだろう。

キム・スンヨン（2000）は，女子大学生の職業選択とその過程に影響を及ぼす要因を調査した中で，伝統的な女性職と非伝統的な職の選択を規定する要因として，現行の労働市場と労働慣行の受容を取り上げた。その結果，現行の労働市場の性差別的な状況に否定的な認識を持ち，かつ永続

表 7-1　秘書学科選択理由（%）

	2 年生	3 年生	4 年生
ビジョンがあると考えた	15	20	30
周囲の勧めで	12	3	3
経営学には合っていない	4	3	0
秘書になりたい	12	13	3
カリキュラムがよい	12	10	11
面白そう	4	3	16
就職率が高い	41	38	31
周囲の強制	0	0	0
その他	0	10	6
計	100	100	100

出所：ハン・アルム他 2002: 20-1 より作成

---

[1] 梨花女子大学では 1996 年より 2002 年まで「学部制」をとり，2 年生進級時に専攻を選択していた。秘書学専攻は，1999 年より経営学専攻とともに経営大学を形成するようになっており，2 年生進級時に経営学か国際事務学のいずれかの専攻を選択するシステムであった。

的・継続的に労働市場に参加したいと考える女子学生は，非伝統的女性職を選択し，現行の労働市場に肯定的な認識を持ち，かつ一時的・断続的に労働市場に参加したいと考える女子学生は，伝統的女性職を選択することを明らかにした。しかしながら，梨花女子大学秘書学科に関しては，この図式があてはまらない可能性が高い。むしろ，性差別的な状況を克服し，労働市場に参加し続けるためのモデルとして，伝統的女性職である秘書職をとらえてきた可能性がある。解放後，梨花女子大学を中心とした秘書の養成が行われ始めてからというもの，長年にわたり，秘書という職種は働く女性の先進的モデルとして，高いステイタスを付与されてきたのであるが，労働市場における男女の平等を希求する風潮が強まるにつれ，否定的側面が意識されるようになる。しかし，時代が進んでも伝統的女性職に至る専攻分野を選択しようとする若者が存在する。そのメカニズムが明確に現れるのが秘書専攻課程および秘書職であり，本書が秘書を分析対象とした理由はそこにある。

　もう1点，秘書教育界で長く主張されてきた「専門性」をめぐる論議について触れておかねばならない。D大生では秘書専攻課程選択の理由として，「適性」(D10，D17，D18)，「専門職であること」(D16，D18)があげられていた。確かに，秘書の職務は誰にでも可能というわけではなく，一般的な事務処理能力に加えて優れた対人コミュニケーション能力が必要とされ，「適性」は問われるであろうが，「専門職」であるかどうかは，先にも述べたように秘書教育を行う側の願望を込めた見方であり，実務の現場ではそのようにとらえられているわけではない。学生募集に際して「専門職」という表現が用いられ，それに惹かれて進学した学生も少なくないのであるが，これが秘書として働き始めた後に，教育の中で強調された「専門性」と現実の職務の間で葛藤を覚える女性たちを生む要因となっている。

　「専門秘書職に対する梨花女子大学秘書学科の学部学生の意識構造の再照射」(コ・ヒョソン他 1997)は，学生が「専門秘書」を正しく認識しているかどうかを明らかにすることを目的のひとつとして行われた調査に基づいている[2]。その前提となるのは，韓国では秘書という職は「専門知識が必要では

なく，受動的な職業だという間違った認識が広がっている」と認識されていることである。そのため「自分の持っている正しい秘書のイメージ」はどのようなものかを尋ね，学年があがるにつれて「意思決定に役立てる秘書」が多く選択されるようになることから，「単純業務よりも創意力や独創力」を必要とする「正しい」秘書の役割への理解が深まっているとし，さらに有能な秘書となるために積極的に勉強していく前向きな態度が求められると結論づけた。この研究は，韓国の秘書教育，梨花女子大学秘書学科の進むべき方向等にも言及しており，これらの点について学生自身が不確定なものととらえていることを示している。

グローバル・スタンダードがもたらした秘書の地位の低下は，韓国の秘書教育が目指してきた「米国の秘書」と，自らの養成する秘書の地位との間のずれを際立たせる結果となっている。秘書教育の側は，長年にわたり，秘書を「専門職」と位置づけることによって学科の提示する二重規範の解決を目指してきたのであるが，グローバル・スタンダードがそれを不可能とし，秘書学科は名称の変更を迫られる結果となったのである。

(2) 就業選択

就業先や職種の選択にあたって，D大生では秘書が第一義的とされ，秘書職につく機会を求める傾向が強い (D1, D3, D12 他)。事例中大多数が，現在あるいは過去に秘書として勤務している。しかし，先に紹介したように，梨花女子大生の場合には，現役学生の希望は「現実的な与件を考慮した場合」には秘書が最多 (32～37%) ではあるものの，「金融界」(20%強),「事務職」(18～28%) など秘書以外の希望が多くを占める。「現実的な与件を考慮しない場合」には，秘書の比率 (16～26%) はさらに下がる (図5-4参照)。秘書学科であるからには秘書として就業しなければならないだろうと考えてはいるが，できれば職業的地位達成可能性のより高い，秘書以外の職種を希

---

2 秘書学科学生が秘書学科学生150名を対象に調査を行ったものである (有効回答数は118)。

望するという学生が多くを占めているのである。秘書はD大生にとってはドリーム・ジョブであっても，梨花女子大生にとっては事情は異なるようである。

　梨花女子大学秘書学科での聞き取りによると，2005年には「例年，卒業生の9割が秘書として就職する」とのことであったが，これは希望的観測あるいは従来そうであったという数値と考えた方がよく，2006年の聞き取りに際しては「数年前までは秘書が70～80％を占めたが，今では秘書とその他の事務職の比率は50：50」とのことであった。それよりも強調されるのは，就職率の高いこと，全員が正規職であること，就職先が人気の高い大企業であることであった。2006年卒業生49名の内，大学院進学・留学等を除いた学生の就職率91.7％は，同じ経営大学のもう一方の経営学専攻129名中の就職率（就職希望者中）が50.4％であるのとは大きな差があった。また，第6章で紹介した他学部の就職率と比べても，全国的な大卒就職率と比べても，医学・薬学系と並ぶ抜群の高さを誇っている。さらに，留学していた過年度卒業生を含めて，就職が決まった40人中，三星に5名，金融関係に15名が就職している。秘書学専攻では海外を含むインターンシップを実施しており，就職には特に力を入れているが，経営学専攻ではこれは行っていない[3]。なお，2006年の大学全体の就職率は78.5％（Hahm In Hee 2006），秘書学科を選択する際に，しばしばもうひとつの選択肢として意識される英語英文学科の就職率は56.5％，就業条件は秘書学科に比べて恵まれていないという。

　就業先として，従来外資系は，就労条件もよく，就業継続もでき，ステイタスも高く，主流あるいはメインターゲットであり続けたのであるが（R1），学科での聞き取りによると，近年外資系では秘書を正規職ではとらなくなったとのことである。D大生にとっても外資系は好ましい就業先ではあるが，語学の点でハードルが高い。

---

[3] 海外インターンシップには航空運賃を支給している。2006年度は支給なしであるが，語学研修中のインターンシップを推奨した（梨花女子大学国際事務学科 2007年3月4日）。

また，2006 年の大学全体の正規就職率は 52.6％であるのに対して (Hahm In Hee 2006)，秘書学科では全員が正規職という点が強調されたのであるが，三星，LG (いずれも最大手企業グループ) なども，近年秘書は正規職では採用しなくなっている。秘書として就業していた間に，認められて正規職に転換した D 大生の場合，正規職では秘書のポストがなかったため，一般の事務職に転換することになった (D1)。D 大秘書行政科への求人を分析した結果によると，2000 年には正規比率が 99％であったが，その後徐々に非正規率が増加し，2005 年には 70％となっている (洪淳伊他 2005)。このうち秘書職がどれほどを占めるかは不明であるが，女性秘書に関する別の調査によると，大手企業では調査対象の 20 社中 11 社は正規職，5 社は正規職および派遣職[4]，4 社は契約職のみとなっている (イ・ヘスク 2005)。それに比べ，中小企業では調査対象 30 社中，正規職のみが 26 社，契約職のみが 2 社，派遣職のみが 2 社となっており，当時，非正規化が進むとともに，大手企業の非正規化が進んでいたことがわかる。しかも，中小企業では事務職との兼務秘書が増加し，大手企業の場合，重要な役員の秘書には 4 年制大学卒の女性を正規職として配置し，部門付の秘書には派遣職を多く配置している。専門大出身者の多くは中小企業に就業するか，もしくは大企業の派遣職として就業する傾向が見られた。

　専門大卒とは違って，秘書としても恵まれた就業を望むことができる梨花女子大生の方に，秘書としての就業を望まない学生の比率が高いのは，彼女たちが秘書学科に所属しながら，秘書職の将来に期待を抱いていないことを示している。

　「梨花女子大学秘書学科に対しての対内対外的な認識調査を通じた発展方向の模索」(ハン・アルム他 2002) は，梨花女子大学の学生たち自身が行った秘書学科に対する意識調査である[5]。秘書学科の学生たちは秘書学科に対して概して肯定的なイメージを持っているのであるが，4 年生の場合は秘書学

---

[4] 1998 年，派遣勤労者の保護等に関する法律 (いわゆる派遣法) が制定された。秘書は日本同様，当初から 26 の派遣対象業務のひとつである。

科選択前に持っていた好感度よりも，選択後の好感度が下降している（図7-1）。

　自由記述によって示された，好感度が肯定的あるいは否定的に変化した要因をカテゴリー化したのが表7-2である。これとは別に，これも自由記述によって秘書学科の長所・短所としてあげられた項目の上位3位までを示したものが表7-3である。学生たちはその教育の実用性を認めるものの，実用性は学問的な限界と表裏一体であり，過度の実用性を逆に短所と見なす学生も少なくない。今ひとつ短所として上位にあがっている「認識の不足」は，「韓国社会が持つ秘書職に対する否定的な見方と偏見」と説明されており，秘書学科に対する否定的なイメージを指摘する声もあった。これは，後述するように，時代とともに人びとの意識にのぼるようになってきたものである。

　第3章でも一部紹介したように，ビジネス系の学生を対象として行われた調査においても，秘書職に対して否定的な態度を持つ比率が39.5％，中立的な態度が48.3％であり，肯定的な態度は12.2％にしか過ぎなかった（キ

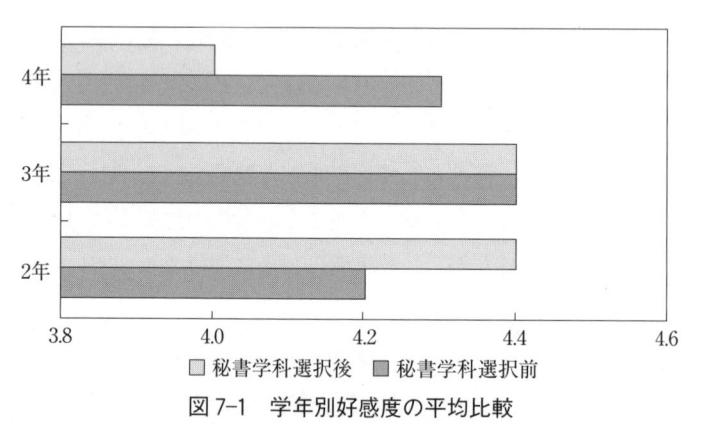

図7-1　学年別好感度の平均比較
出所：ハン・アルム他　2002：26

5　調査対象は合計170名，内訳は秘書学を主専攻とする2年生から4年生の各30名，まだ専攻を決定していない経営大学1年生30名，副／複数専攻生および秘書学専攻の科目受講生30名，秘書学専攻大学院生20名である。好感度の測定法は，「大変否定的」を1点，「大変肯定的」を6点とする6点尺度法による。

表7-2 好感度の変化の要因

肯定的に変化した場合	否定的に変化した場合
高い就職率	教育方式
実用性	カリキュラム
カリキュラム	授業の内容
教育方式	適性
所属感	イメージ
自信	就職率
専門性	ビジョン
教育環境	実用性
イメージ	就職の大変さ
適性	学問的な限界
その他	その他

出所：ハン・アルム他 2002：27

表7-3 秘書学科の長所・短所

長所	短所
1. 実用性（56）	1. 学問的な限界（29）
2. 高い就職率（36）	2. 認識の不足（17）
3. カリキュラム（22）	3. 過度な実用性（14）

注：（ ）内は回答者数
出所：ハン・アルム他 2002：52，54-5 より作成

ム・ジェシク 2004)。女子学生も男子学生と格別の差はなく，否定的な態度であったという。秘書学科と学生は常にそのような否定的イメージを意識せざるを得ない状況にあるというべきであろう。

近年では，高い就職率が秘書学科の魅力となり，学生の好感度をあげていた一方で，就職への期待感だけで秘書学科を選択することが後の満足感の減少をもたらしたり，期待したほどには就職が思うにまかせないという事態を引き起こしたりしているのが，秘書学科の実情であった。

2. 秘書からのキャリア・パス

さて，そのような中から秘書として就業した後には，どのようなキャリア・パスが用意されていたのであろうか。

(1) 就業継続

　最初に，就業継続に関してどのように考えていたかを見た。取り上げたのは，①就業継続に関する本人，配偶者，配偶者の親の意識，②出産後の子どもの保育，産前産後の休暇と育児休職の取得に関する意識，③家事分担に関する意識である。

　R1からR9のうち，大学卒業後間のないR6，院生のR9以外はすべて既婚者であった。R6も「最近の若い女性は仕事を辞めようとは考えていない」と述べた。R1は結婚退職が当然の時代に，一旦は退職して嘱託として働いていたが，その間に会社の制度が変わり，結婚退職制度が廃止されたことによって復職を果たし，定年まで就業を継続した稀な例である。R2は国内大手企業に秘書として就業したものの，結婚後の就業継続のため外資系へ移ったケースである。R5は，結婚・出産を経て，秘書を続けながら大学院へも通い，教壇にも立ち始め，あまりにも時間に追われるようになったため，教職一本に絞ることとしたという。D大生の場合もそうであるが，入職当初はさほど長く勤めようとは思っていなくても，仕事をするうちにできるだけ長く継続したいと考える例が多い。そのことについて配偶者たちは，「積極的に応援」(R7)，あるいは「本人の意思を尊重」(R8)したという。D大生の場合も同様で，「夫も働くことに賛成している」(D3)，「積極的に支援してくれている」(D6)，「最近の男性はキャリア・ウーマンを好んでいる」(D12)，「自分の意思を尊重してくれる」(D22)とのことであった。夫の母も，「できるだけ働きなさい」(D1)，「一応，賛成してくれている」(D3)というように，夫からも姑からも働くことを期待される時代になっている。

　しかし，「子どもが生まれたら，育児は自分で」(D1)，「子どもができたら3，4歳までには辞める」(D13)，「子どもが生まれたら子育てに専念したいと思う」(D18)と考える人もいる。その理由としては，「自分の子も育てられない人が，社会生活の中で自信を持って行動できないと思う」(D18)といった母親の役割を重要視する考え方がある一方，本人には継続意思があるものの，「会社の規定だから継続できない。法律上認められていると抗議し

たが，ダメだといわれた」(D13) という事例もあった。法律上そのような規定はあり得ないが，現実にはそれ以上の追及はできなかったとのことである。さらに，産前産後の休暇や育児休職の取得に関しては，「修士号や博士号を持つ女性は取得できるが，自分は取りにくい」(D2) という発言に見られるように，高い能力を持つ女性には認められても，平均的な女性には取得を申し出ることさえ困難と感じざるを得ないような状況も存在する。森田 (2004) 等に見られるように，日本における調査結果では，就業継続意欲は短大生より四大生の方が高い。四大生の方が伝統的な性役割観から解放されているという面もあろうが，短大生は周囲に就業継続を期待されていないと自ら感じ取っているともいえよう。秘書に限らず，これまでは「40歳代まで昇進できずに残れるような雰囲気ではなかった」(D6) とのことであったが，この事例は半公務員的な職場であり，一般の企業ではさらに，女性の長期就業が認められ難い状況のようである。

　結婚後の家事は，「夫対妻が30対70」(R7)，「夫が一部手伝う」(R8)，「半々」(D3)，「結婚したら分担したい」(D5)，「自分60夫40」(D22) のように分担している，あるいはしたいという意見が多かったが，「姑と分担している」(D1, D6) 例もあった。一方で，「家事はほとんど私がしている」というD23は，仕事を辞めようと考えていた。子どもの保育は，できれば家族・親族に委ねたい (D15)，あるいは委ねている (D3) 例が多く，それが不可能な場合は保育所 (R7, D4) または家庭保育 (R8, D15) を利用するという傾向であった。血縁関係にない他人に保育を委ねることには否定的な意識が強く，近年までは乳幼児を持つ就業継続者の9割近くは，本人または親族が保育を行っているともいわれていた (春木 2006: 71)。先に，仕事を続けるうちに長期の勤務を希望するようになっていると述べたが，D大生の多くの場合，その期間は意外に短く，「40歳代までは働きたい」(D2)「30歳代までは勤めたいが，40歳まではしたくない」(D10)，「子どもが3，4歳になるまで」(D13) という意見も見られた。それには，韓国の教育環境の厳しさも影響していると思われる。受験競争の熾烈さはよく知られているが，子どもの

進学に際して母親同士の情報交換が重要となるのに，就業しているとそれが困難となり，それが原因で子どもをアメリカに留学させたという例もあるとのことである。このように，二重規範は個人の中にも存在し，一方では就業を継続して職業的達成を果たしたいという気持ちを持ちながら，もう一方で母親役割からは逃れがたいという側面において表れている。

(2) 昇進経路

「秘書の昇進は上司次第」(R1) というのが欧米流の秘書の昇進経路である。韓国においても外資系を中心にそのような昇進経路がとられる。それは「秘書にとっての勲章」(R3) ともとらえられるが，他の事務職女性が管理職に昇進することがあるのに，秘書は秘書でとどまるという難点がある (R2)。

韓国組織の場合は，通常の職位体系 (代理，課長，次長，部長) をたどることになるはずであるが，前述したように，このような職位には主として男性がつく。外資系組織で秘書に使用される職名は，組織によって異なるが，下位から順に，Junior Secretary, Senior Secretary, Executive Secretary, Administrative Assistant, Office Manager などである。秘書は通常の職位体系にのれないため，R5 は秘書にもこれを適用することを提案し，実現させた。権威，序列への関心の高い韓国社会においては，画期的な成果といえる。R5 はさらに，秘書の昇進と職務満足度の関連を調査し，通常の職位体系での昇進可能性のある場合の方が職務満足度は高いことを示した (ユン・ミスク 1998)。なお，この調査では，兼務秘書の方が秘書専任の場合よりも昇進の機会が多いことも明らかとなっている。R5 の勤務先は，外資系であった。外資系の場合，秘書の延長線上でもっともストレートなチャネルは，上に示したオフィス・マネジャー (R7) に至るチャネルである。しかし，韓国企業では，60年代に就職した世代は永年勤続の後に，稀に部長，取締役などの役職をあてがわれる他は，そこに至るまでに退職するのが通例であった。その他には，欧米のように年齢の高い秘書の存在はあり得ない。それまでに退職していなければ，キャリア転換 (本書では，秘書とは異なる職種への異

動をキャリア転換と呼ぶ）をすることになるからである。

(3) キャリア転換のチャネル

　梨花女子大学秘書学科の調査によると，2004年の時点において，前5年間の卒業生は95％近く，前15年間の卒業生は50％以上が就業していた（梨花女子大学秘書学科 2004）。職種は，36％は専門秘書，22％は管理職，18％は一般の事務職，12％が大学教授，大学院在学中が6％であった。先にも述べたように，従来卒業時には約90％が秘書として就職していたということであったが，3年から5年でその多くが管理職となり，半数が秘書のままで残るが，半数は他のポジションに異動するという。しかも，ほとんどの秘書は25歳から30歳くらいまでとのことであった。そうであれば，上の専門秘書36％は30歳位までの層，管理職や他の一般の事務職の多くはそれを経て昇進あるいはキャリア転換をした可能性が強い。

　以下，そのようなキャリア転換のチャネルの代表的なものとして，①秘書以外の職種，②教職，③起業の3つを取り上げることとする。

　秘書の延長線上若干の軌道修正がなされたものとしては，R1やR4のような人事・研修分野というチャネルが一般的である。それ以外の職種ではマーケティング（R1），営業（R2）などの事例があるほか，金融業の秘書から金融系職種への転換は有力なパスとなっている（ユ・ヒョンゾン 2005）。R8は，最初の職場の医療機関では秘書職についていたが，2つ目の職場である金融機関では，オフィス・マネジャー兼アナリストを務め，職位は課長である。また，コース別雇用管理を持ち込んでいる日本企業の場合は，一般職の秘書として就業後3年経つと，総合職への転換試験を受けることができる（R6）。R6の場合は，もともと秘書を目標としていたわけではなく，「ステッピング・ストーン」と考えており，当初から転換を見越しての入職であった。上に示した調査結果（梨花女子大学秘書学科 2004）が示すとおり，教職へのチャネルも確立している（R2, R5）。それらとは別に，起業というチャネルも残されている（R1）。R1は外資系企業を退職後，人材コンサルティング会

社を経営している。D大生にも将来の起業を計画している事例がある。D10は，コーヒーショップ開業のため，週3回仕事の後に製菓専門学校へ通っている。韓国では喫茶店でケーキなどを無料で提供する習慣があるので，製菓・製パンの資格をとるためである。転職またはマッサージなどの技術を身につけて自分なりにやっていくと希望する事例もあったが，これは会社が就業継続を受け入れないのがその理由である (D13)。

日本における秘書を起点としたキャリア・パスの研究として，「秘書のキャリア形成に関する事例調査」がある (青島 1992)。キャリア・パスと，それぞれのキャリア・パスにおいてキャリア形成を促進する要因を明らかにすることを目的としたものである。その結果，秘書の職能には，キャリア発展を促す多くの要因が含まれており，一定期間秘書を経験した後，他の仕事へとキャリア・チェンジすることが可能となっていること，昇進・昇格試験を突破すれば管理職につくこともできることを見出し，秘書職は次第に「閉ざされた職種」から「開かれた職種」へと変貌しているという (青島 1994)。換言すれば，これは秘書の経験がチャネルとして機能していることを示している。本書が対象とした韓国においても，秘書を起点としたキャリア・パスはある程度確立しているといえよう。しかし，男性であれば，特に秘書を経ることなくたどりつく職種，職位に，女性はキャリア転換を経てたどりつくのであれば，それは無用の遠回りと見ることもできる。

以上のようなキャリア転換をその理由別に整理してみよう。

第1に将来展望の欠如をあげることができる。これはしばしば「秘書の限界」(D7)と表現される。同時期に入社した他の事務職女性は，その間に責任者レベルに昇進するのに比べ，秘書は昇進しても秘書のままだからである (R2)。そのような事態を打破するために，組織内でのキャリア転換，あるいは他組織へのキャリア転換が行われる。「秘書の限界」は，「自分の意思でやるというより，上司からさせられている仕事が中心となる」(D8)というように，担当する職務の限界というニュアンスでも使われる。

第2は職務内容が単調で反復的なことである (R2, D4, D5)。梨花女子大

学秘書学科の教育は特に,「まるで塾のよう」(ハン・アルム他 2002: 43-4) と嘆く学生の意見にも見られるように,実務,特に英語に関して過大な訓練を課してきた。学生生活の大きな部分を費やすことによって獲得した技能を生かせる場合はともかく,上司の側の秘書に対する期待が事務補助的なものにとどまっている場合には,せっかく身につけた技能を発揮できる機会を求めてキャリア転換が行われる。また,「英語の能力を生かしたい」(R2) という願望は女性に多く見られるもので,男性が英語の能力を生かしての職業達成を望む場合,英語はその手段とされることが多いが,女性の場合は英語が目的化するという例は日本でもよく見られる傾向である。

　第3は秘書職に対する懐疑である。先にも述べたように (122ページ参照) ユ・ヒョンゾン (2005) の調査では回答者の大多数が,自分の持っていた専門秘書の役割に対する期待と,社会と職場が抱いている秘書職に対する低い期待と認識,偏見とのギャップを克服することに困難を訴えている。秘書職に対する懐疑は,「常にその場に停滞した感じ」あるいは「決定権がない」等と表現され,期待していた活躍の場が得られないことに対する疑念が表れている。解放後,梨花女子大学において秘書の養成が始められ,その後長年にわたって秘書に付与されてきたイメージは,少なくとも女性としては高い職業達成イメージであった。この調査の回答者たちの年齢は,2004年の調査時点において25～30歳が4名,31～35歳が18名,41歳以上が4名であった[6]。それより上の世代が,秘書教育で教えられたとおり,秘書職を高度な能力を必要とされるステイタスの高い職業だと信じていたのに比べると,職場における現実との間のギャップに気づき,悩み始めた世代といえる。

　このようにキャリア転換が比較的頻繁に行われている背景には,韓国労働市場の高い流動性がある。通貨危機以前は終身雇用に近い制度が浸透していたともいわれるが (春木 2006: 63),第4章でも述べたように,年功序列の賃金体系・昇進についてはおおむね日本に近いにもかかわらず,長期的雇用慣

---

[6] 内,20名は秘書専攻課程出身,6名はそれ以外の出身である。

行はあまり育たなかったと見るべきである。企業の側にも，労働者の側にも，長期雇用のインセンティブはさほどなく，通貨危機前の1995年の時点においても，韓国の離職率は2.84，入職率は2.86と，日本の離職率1.93，入職率1.88に比べて高いものであった（朴昌明 2004: 43）。通貨危機後の1998年の入職率が顕著に低下（1.78）した後は，離職率は2006年2.40，2007年2.30，入職率は2006年2.44，2007年2.30と上昇している（KOSIS 2007年3月10日）。平均勤続年数は，通貨危機前までは長期化する傾向にあり，通過危機をはさんで再び上昇傾向に転じて，2004年の平均勤続年数は男性11.6年，女性7.6年となったが（宮城県国際経済振興協会 2004: 7），同年の日本の平均勤続年数（男性13.4年，女性9.0年）に比べれば低い水準であった（厚生労働省 2010a）。「平生職場」（生涯にわたる職場）という概念は消えているという（R3）。「38度線」（38歳も自然に退職を受け入れる），「56泥」（56歳まで職場に残っているものは泥棒だ），「45定」（45歳に定年退職）などと表現されるほどの状況となってから既に長い（梨花女子大学秘書学科 2003: 6）。D大秘書専攻課程は設立が1994年のため，事例の多くは20歳代であるが，複数回の転職も珍しくない（資料5-1参照）。職種は秘書を中心とするが，時に他の事務職を含む。D1は28歳で2回，D7も27歳で2回，D9も25歳で2回の転職を経ている。これは，梨花女子大生の場合も同じで，R7は34歳までに4回，R8も33歳までに2回の転職である。2004年の経歴者採用比率は79.0%にものぼり，既に経歴のある者を優先的に採用するケースも目立つ[7]（自治体国際化協会 2005: 21）。日本では，D大生のような20歳代から30歳代にかけての女性が一旦退職した後の入職は，きわめて困難な状況である。派遣やアルバイトならともかく，D大生のように正規職で再就職するのは難しい。流動的な労働市場の有り様は，非正規雇用の女性労働者の正規職への転職には不利に働くのであるが（春木 2006: 63），キャリア転換には有利に働いている面もあるのではないだろうか。

---

[7] 原資料は，労働部『2004年版労働白書』。国内30位以内の主要企業の経歴者採用比率。

さて，そのようなキャリア転換とリカレント教育のかかわりについて見ると，秘書教育の分野で教職につくためには，大学院を経ることが求められている (R2, R5)。また，調査当時 30 歳代であった 3 名の現役秘書も，ともに大学院においてリカレント教育を受けていた。R3 は MBA を取得して金融関係の職につくことを予定し，R7, R8 は梨花女子大学大学院の国際事務学専攻において，秘書としての技能向上を目指していた。一方，D 大生たちのほとんどは，まだ卒業後 10 年以内ということもあり，4 年制大学への編入例は 1 名のみ (D16)，進学を考えている例がもう 1 名あるのみであった (D8)。D16 は放送通信大学編入の後，梨花女子大学大学院秘書学専攻へ進学し，その後 D 大で教鞭をとるようになっている。高卒，専門大卒の事務職女性を対象として行った調査（女性事務職聞き取り (2)）では，夜間大学で学部卒の資格を取り直しているケースが 2 件あったが，学部卒の資格を得ても，業務遂行には役立つが待遇は変わらないとのことであったし，「大卒でなければ結婚できないから」という声があったことにも見られるように，リカレント教育が職業的地位達成に有効なものとはなっているとはいえない状況であった。

3．韓国における秘書職

　それでは，韓国における秘書職がどのような状況にあるかを再度整理しておこう。韓国において秘書職の持つ意味とその変化を跡づけ，秘書職の選択にまつわる意識と行動を見極める手がかりとするためである。着目するのは，上の事例研究から明らかになった秘書職内部の階層性と，世代による秘書職のとらえ方の変化である。

(1) 秘書職内部の階層性

　先行した英米における事務職研究，女性職研究では，その典型的な職種のひとつとして秘書が取り上げられ，低賃金，低ステイタス，将来展望の欠如

がその主要な問題点とされた。しかしながら，韓国における秘書は必ずしもそれと同等に論じられるべきものではない。秘書職の賃金は，女性全体との比較においては決して低くなく，否定的なイメージを持たれている面もあるが，ある種のステイタスを享受できる。しかし，将来展望の欠如については英米と共通の問題点を持っている。

　ところが，秘書職を全体としてとらえた場合にはこのように結論づけることもできようが，秘書職内部には，4年制大学卒以上（具体的には主として梨花女子大学秘書学科を指すのであるが）と専門大卒以下に明らかな階層性を認めることができる。秘書職が先進的モデルとして位置づけられたことと，高い賃金を得ることができたのは，外資系を中心として，韓国では秘書の職務が高等教育を必要としたことに由来する。その中核をなすのは外国語能力である。4年制大学でも高い外国語能力が望めない場合は学科を廃止している事実があり，それは韓国の秘書にとって外国語能力の持つ意味の大きさを物語っている。また逆に，長年にわたって秘書の養成を一手に引き受けてきた梨花女子大学秘書学科の存在が，秘書を先進的モデルと位置づけることに効果を持ったともいえよう。もちろん，学歴による階層性は秘書に限ったものではないが，秘書の場合は一方が付与されているステイタスの高さが，それをより鮮明なものとしている。

　すなわち，同じ秘書というカテゴリー内で，国により，求められる職務・技能が異なるわけであり，同じ国の中にも階層性があるため，韓国の秘書職一般に，英米の事務職研究，女性職研究をそのままあてはめることはできないのである。このような状況は，航空機客室乗務員の場合と共通点を持っている。韓国や日本のような国において，高い外国語能力を持ち得るのは，高等教育修了者に限られ，しかも単なる高等教育だけでも十分ではなかったからである。しかも，梨花女子大学秘書学科は各学年40名程度という極めて小さい規模（2006年は特に少なく，20名）であり，希少価値があるといってよいほどである。秘書学科教員によれば，外国企業の進出度が高く，外国語能力の高い秘書の求人に事欠かないという。どちらの職種とも，女性からは根

強い人気があるにもかかわらず，フェミニズム視点からは否定的に見られる点も共通である。しかも，将来展望の欠如と女性役割への期待という点においては，多くの女性職と共通点を持っている。

　一方，専門大卒では高い外国語能力の獲得は望めず，次善の策として国内企業の秘書を務めることになるが，秘書としての求人数は欧米諸国ほどには潤沢ではなく，非正規化の進展も多大な影響を与えている。担当する職務が補助業務に終始することも多く，英米の女性職研究が問題とした点と多くの共通点を持ち，4年制大学卒以上の秘書は，それとは異なる階層を形成しているものとして取り扱う必要がある。

(2) 秘書職の持つ意味とその変化

　本書で取り扱うことのできた事例は，1940年代生まれの世代から，1980年代生まれまでである。1940年代生まれを第一世代，50〜60年代生まれを第二世代，70年代生まれ以降を第三世代として，働く側にとって秘書職の持つ意味の変化をとらえてみよう。

　第一世代は60年代の後半に入職した世代である。この世代で職場に残った秘書はほんの一握りである。しかし，残った秘書たちは取締役待遇あるいは秘書室長などの役職につくことができた。ただし，取締役であっても，他の一般の取締役とは異なり，担当業務の範囲は秘書業務を超えることはない。この2つの事例は，1996年の聞き取り当時，現役では最年長であった世代である。両者とも梨花女子大学秘書学科卒ではないが，ともに大学進学率のまだ低かった時代に大学を出ており，秘書の勉強をしたかどうかは問われずに，恐らくは大卒の教養を買われて秘書として採用され，ほとんどの女性が労働市場から撤退した中，定年近くまで就業を続けていた。両者とも大手韓国企業に勤務し，年配の経営者層に「お仕えする」という雰囲気を感じさせた。1例は中断することなく，もう1例は結婚による中断をはさんで，両者とも望まれて秘書業務を継続し，「韓国の発展とともに会社も発展する」時代に，自らも参画できたことに大きな満足感を持っているとのことであった。

この世代では，秘書として仕事をすることが，高い職業達成と見なされ，しかもそれが，女性役割と何ら矛盾するものとはとらえられていなかったのである。

　この世代の中ではわずかに下の年代のR4の場合も，定年まで勤め続けたのであるが，当時は結婚退職の制度が当然とされていたため，一旦退職し，嘱託として勤務する間に，制度が変わって復職を果たすことができた。その後に開始した韓国専門秘書協会の活動を，組合活動のようなものではないかと警戒され，しばらくの間勤務先との間に摩擦が起きたのではあるが，意思を貫き通し，秘書職の延長線上のチャネルとしての人事部門の管理職として定年まで勤務を全うしたのである。R4は，韓国において秘書の重要性が正しく認識されるべきだとの考えから，秘書協会の活動に精力を注いだ。R4も，上の2例同様，働く女性の先進的モデルと，女性・母親役割の遂行という二重規範に疑いを持たなかった世代である。

　第二世代も，ほんの少数が意思を貫いて労働市場に残った世代であるが，わずかな例外を除いては，教職に転換したタイプが残るだけである。そのような第二世代にとっても，秘書職はキャリア志向に矛盾するものとは認識されていない。むしろ，組織内のトップ・マネジメントと接触し，その傍らにあって業務を担当することによって，「価値ある体験ができる」(R1)，「世界中とのやり取りができる」「政府関係者との交渉まで行う」[8] (R5) や，一般の社員とは違って「経営的観点を持ちうる」こと (R1) などが強調される。秘書職の肯定的側面が，女性役割への期待という否定的側面を相殺しているといえるだろう。

　しかし，多くが，「秘書の限界」「仕事の単調さ」を認識したからこそのキャリア転換を経験していることを考えると，第一世代には問題にすらならなかった秘書職の持つ二重規範の矛盾が，就業を継続する中で意識され始めた世代といえる。

8　この交渉内容は，実質的交渉はライン職の職務であるため，それに至る折衝ではないかと思われる。

第三世代は1970年代以降に生まれ，90年代に入ってから入職した世代で，聞き取り当時（2005-06年）30歳代以下の世代である。「秘書が職場における女性役割を期待される職業であるとの認識」に対するコメントを求めると，「この仕事にプライドを持っている。最近は能力のすぐれた女性が，従来は男性優位であった分野に多く進出している。しかし，秘書職は職務記述書には表現し切れない人の感情，人そのもの，そして業務が集中するところである。その中でそれらを調和させるようにマネージすることは決してたやすいことではない」(R7)，「本人の適性に合いさえすれば将来展望も明るい」(R8)，「男性と『共に』仕事をしているのだから問題はない」(R5) といった反応が返ってきた。自らは恐らく秘書職に限界を見て，より威信の高い教職に転換した女性たちも，このような秘書職の肯定的側面に着目してのことであったものと思われる。

　しかしながら，若い世代に秘書を目的とする場合はさほど多くなく，就職率の高さを意識し，秘書を経由してのキャリア・アップを目指している場合もある。秘書学科の側でも「学生には，最初は秘書として就職し，2，3年後に別の職種に変わればよいといっている」とのことであるから，このような意識はかなり広く流布しているはずである。以上の三世代を通じて，秘書として長く就業を継続するのが困難であることには変わりがなく，先の二世代では多くの女性が労働市場から撤退をしていったが，もっとも若い世代では多くの女性が働き続けることを望んでいる。しかし，秘書職が学歴上位の階層にとってもドリーム・ジョブであった時代は終わりつつあり，通過点と見なされるようになっている。秘書職が持つ二重規範が意識されるようになるとともに，秘書職が目標ではなく，職業的達成のための手段となりつつあるのである。

　かつて，秘書が高度な職業というイメージを付与され，働く女性の先進的モデルと見なされていた主な要因は次の2つである。第1は，必要とされた外国語能力が優秀さの証明となったことである。同時に，政財界のトップ・クラスとの接触を可能とするマナーや教養が必要であることも，高級イメー

ジを付与することに貢献をした。そして第2は，男性秘書の存在である。男性の場合は，女性のような職業としての秘書職ではなく，いわば秘書というポジションに一時的につくと考えるべきであり，その職務内容は，幹部補佐あるいは側近としてのものである。そのような男性秘書の姿が，参謀としての秘書イメージを定着させることに貢献をした。第4章で紹介をしたように，企業グループの企画調整部門が秘書室と呼ばれたことも，同様の効果を与えることとなった。それに加えて，大学教育が秘書の重要性を「専門性」というタームを用いて主張し続けたことも秘書の高級イメージ付与に大いに貢献したものと思われる。

　しかし，女性自身ばかりでなく周囲までもが就業継続を望むようになり，男女平等の意識が広まるにつれ，先進的モデルとしての秘書像は変更を迫られるに至っている。

　もう1点，80年代以降秘書教育が専門大学にまで広がり，秘書教育を受けた女性の供給が豊富になり，必ずしも高度な能力が必要ではない企業にまで秘書がおかれるようになっていることが，秘書イメージの拡散に影響を与えている可能性がある。第3章で示したように，専門大学秘書専攻課程の卒業生のうち多くが秘書として就業している背景には韓国の「権威主義」があるという (R2)。上位の役職者には，複数の運転手と秘書が配置されるのが普通であり，大手企業グループの役員に与えられる役員特権の代表的なものとして，「車，個室，秘書，ゴルフ会員権」の「4点セット」があるという (宮城県国際経済振興協会 2007: 15-6)。このような秘書は，経営戦略上必要な機関として配置されるというより，役職者の権威づけあるいは褒賞のような意味合いでおかれるのである。そのため，中小企業であっても，あるいは小規模であるほど，社長ともなれば秘書をおきたいと考えるのだということである。そのような場合の秘書は，かつて付与されていた先進的モデルとは異なるイメージを持つこととなったと思われる。

　第二世代に始まった秘書に対する認識の変化は，ちょうど韓国における女性学の導入と女性政策への反映の時期に重なる。梨花女子大学がいち早く女

性学講座を開いたのが1977年のことである。女性に関する業務を担当する行政機関は，1946年米軍政当時に設置されたのに始まるが，80年代初頭，組織は大きく変化した。1983年には首相の政策諮問機関として，女性政策審議委員会が設置されるとともに，政府出資によって韓国女性開発院が設立され，女性問題に関する基本計画と総合対策の策定を推進した（春木 2006: 125）。男女雇用平等法の制定こそ1987年と，日本の男女雇用機会均等法の1年遅れであったが，1995年には女性発展基本法が制定され，金大中政権では2001年に女性部が新設されるに至るなど，韓国の女性政策の急進性には目を見張るものがある。このような女性学の導入と女性政策の拡充により，秘書の先進的モデルというレッテルがはがされ，急速に秘書の否定的側面が認識されるようになったと考えられる。

4．秘書にみる女性職の選択

最後に，分析結果から導かれる結論は以下のとおりである。この節では，韓国における秘書職の選択，ついで韓国の秘書職から見た女性職の選択について考察することとする。

(1) 韓国における秘書職の選択

韓国における秘書職の今後の展開について，上述の秘書職の持つ意味の変化が示唆するのはどのようなものだろうか。第1に，今後も秘書は必要とされるかという点，第2に，4年制大学卒以上の女性は今後も秘書を選択するかという点について，最後に女性職としての秘書職のゆくえについて考察する。

まず，韓国において今後も秘書は必要とされるかという点については，当分の間秘書が消滅することはないと考えている。韓国の社会的文脈においては，4年制大学卒以上の秘書は，英米の秘書とは異なって，高度な能力を持つ人材としてこれからも必要とされるであろう。働く側にとっても，女性の

ために確保された領域であることなど，いくつかの肯定的な側面を持っている。しかしその規模は幾分縮小の道をたどるであろう。ひとつには，秘書である限り，キャリア転換をしなければ将来展望は得られないことに加えて，女性・母親役割を期待されることから，性別役割分業に否定的な世代が育つにつれ，4年制大学卒以上の女性が秘書職を選択することは減っていくと考えられるからである。もうひとつは，秘書という職名を持つ職種の規模が縮小するからである。米国の秘書がアシスタントと呼ばれることを好むのは，女性役割への期待から自由になることに加えて，キャリア構造を持たないといわれる秘書職から脱することができるからである。職名が変われば，担当する職務内容にも自ずから違いが出てくることであろう。

　森田（2000b）では，英国の女性事務職の調査において，多くの女性は事務職からのキャリア・アップを目指していることを示した。しかし，作業職からステップ・アップした結果として事務職についていた女性はそのことに満足し，事務職からのキャリア転換までは望んでいなかった。それは，すでにその時点で夢がかなっていたためである。従って，四大卒以上の女性が選択しなくなった秘書職を，その後は直近下位の学歴層がドリーム・ジョブとして目標とするのではないかと考えている。

　最後に，二重規範とのかかわりについてであるが，第6章で提起したのは教育における二重規範であったが，女性の教育と就業をめぐっては，常に二重規範が存在すると考えている。ひとつは男女を問わない教育達成あるいは職業達成を奨励するもの，今ひとつは「女であること」によって期待されるものである。それがもっともわかりやすい形で現れているのが，秘書であり秘書学科である。

(2) 女性職の選択

　以上で見た韓国における秘書職の方向性は，その他の女性職選択の動向をも示しているのではないだろうか。女性職が提示する二重規範は，相矛盾したものとならざるを得ない。その矛盾を認識した女性は，それを回避する選

択行動をとることになる場合も多いであろうが，女性職の持つ肯定的側面により，女性職を選択するケースも残ることであろう。学歴上位の階層にとっては，二重規範が問題ととらえられても，学歴下位の階層にとっては目標とすべき職業となり得るからである。就業後に認識された諸矛盾に対しては，就業を継続しようとする場合，個人による対応としてキャリア転換による解決が図られる。

　以上のように，若い世代では，高等教育における専攻分野の選択にあたって，秘書職の魅力と並んで，秘書専攻課程の就職率の高さが最大の手がかりとなっているが，時代とともに，就業に際しては必ずしも秘書が第一義的とはされない状況となっている。秘書としての就業後は，就業を継続しようとすると，多くは何らかの形でのキャリア転換を経なければならない。上の世代では，女性職としての秘書職が，高い職業達成と何ら矛盾するものとは意識されず，働く女性の先進的モデルとされたのであるが，近年では，もう一方で女性・母親役割の遂行を奨励する二重規範の矛盾が意識されるようになっている。

　また，韓国における秘書の状況は，英米における事務職，女性職研究と全面的に一致するわけではない。韓国の固有のバックグラウンドが，秘書に高等教育を必要とし，秘書職内部に階層性を生んだのであるが，高等教育の中でも学歴上位の階層では，秘書職を後のキャリア・パスへつなぐための手段ととらえるようになっている。今後も韓国において，高度な能力を持った秘書は必要とされるであろうが，秘書職そのものは，上位の学歴層からではなく，より下位の学歴層からは目標とされるものとなるであろう。そして，女性職一般も同様の方向性を持つ可能性がある。

第8章
女性職域の選択

　以上，秘書という女性職の選択が韓国においてどのように行われてきたのか，高学歴女性にとって，従属的なイメージのある秘書職を選択することに葛藤はないのかなどを見てきた。この章では，その他の女性職域についていくつかのケースを取り上げ，女性職域の選択について考察を深めたい。

1. 非正規職の選択―韓国―

　この章で最初に取り上げるのは，韓国の非正規職である。非正規職は女性比率が高く，これもまた就労パターン上の女性職域のひとつであり，男女間の就労パターンの差異は女性のキャリア展望にネガティブな影響をもたらす（ILO 2000）。日本や韓国における賃金格差はいうまでもない。それでは，非正規職の女性はどのような就業意識を持って非正規職を選択しているのだろうか。

(1) 非正規職の自発的・非自発的選択

　最初に，非正規職の選択が自発的なものであるか非自発的なものであるかについて確認しておこう。表8-1を見ると，正規職選択の自発的事由が72.6%と高いのは予想どおりとしても，非正規職選択の自発的事由が40.2%と意外に高率であることが目を引く。中でも，300人以上の大規模職場では自発的事由が74.1%とさらに高い比率を示している。

表 8-1 職場形態選択動機（％）

	正規職	非正規職	300人以上の職場	300人未満の職場
自発的事由	72.6	40.2	74.1	38.1
勤労条件に満足	(41.5)	(41.6)	(48.8)	(40.7)
安定的な職場	(50.6)	(29.1)	(36.0)	(28.3)
転職など	(5.1)	(18.7)	(10.4)	(19.7)
努力した分の収入など	(2.8)	(10.6)	(4.8)	(11.3)
非自発的事由	27.4	59.8	25.9	61.9
すぐ収入が必要	(60.6)	(63.7)	(44.1)	(64.2)
勤めたい職場がないなど	(20.5)	(15.6)	(17.7)	(15.5)
転職など	(14.7)	(12.9)	(32.0)	(12.4)
努力した分の収入など	(4.2)	(7.8)	(6.2)	(7.8)

出所：統計庁 2008

　それより前のデータになるが，2007年韓国労働社会研究所が女性の小売業従事者について就職動機を調査したものによると（表8-2），正規職は自発的就職が95.3％と格段に高い率となっているが，ここでも非正規職の自発的就職が過半数をやや上回っていることが注意を引く。

　しかし，就職理由を見ると，正規職は自発的就職理由のうち「安定的な職場」が44.9％，「勤労条件満足」が42.1％となっているのに対し，非正規職は非自発的就職理由のうち「生活費などすぐ収入が必要」が最多の29.9％となっており，かなりの違いが見られる。

　なお，図8-1は上記調査結果に示された卸・小売業女性非正規職の規模の推移を表したものである。2001年から2007年の間に非正規比率は若干低下しているが，規模は2001年約126万人，2007年8月約128万人と固定化している。

　実例をあげると，Aデパートでは正規職は約3000人，非正規職は約2500人（直接雇用950人，間接雇用1600人）と半数に近い。Bディスカウント店の場合，正規職1400人に対して非正規職は約1700人（直接雇用450人，間接雇用1260人）にもなる。イーランド・ホームエバーでは，売場33ヶ所中25ヶ所

表8-2 雇用形態別就職動機（2007年8月，女性小売業）（％）

	自発的就職の有無		自発的就職理由			非自発的就職理由			
	自発的就職	非自発的就職	勤労条件満足	安定的な職場	その他	生活費などすぐ収入が必要	勤めたい職場がない	専攻経歴が合う	その他
賃金労働者	57.9	42.1	22.0	14.5	21.4	25.7	7.4	1.0	8.1
正規職	95.3	4.7	42.1	44.9	8.4	1.9	2.8	−	−
非正規職	51.2	48.8	18.4	9.0	23.7	29.9	8.2	1.2	9.5
臨時勤労	50.2	49.8	17.2	8.9	24.1	30.4	8.4	1.2	9.8
（長期臨時勤労）	50.0	50.0	17.1	7.6	25.4	30.3	8.5	1.2	10.0
（期間制勤労）	50.6	49.4	17.5	12.5	20.6	30.6	8.1	1.3	9.4
時間制勤労	60.0	40.0	12.8	2.4	44.8	16.8	3.2	−	20.0
呼び出し勤労	10.5	89.5	−	−	10.5	26.3	10.5	−	52.6
特殊雇用	61.5	38.5	15.4	1.9	44.2	28.8	3.8	1.0	4.8
派遣勤労	57.9	42.1	31.6	10.5	15.8	26.3	10.5	5.3	−
用役	60.7	39.3	42.9	10.7	7.1	28.6	10.7	−	−
家内勤労	100.0	−	−	−	100.0	−	−	−	−

出所：韓国労働社会研究所 2007：74を修正

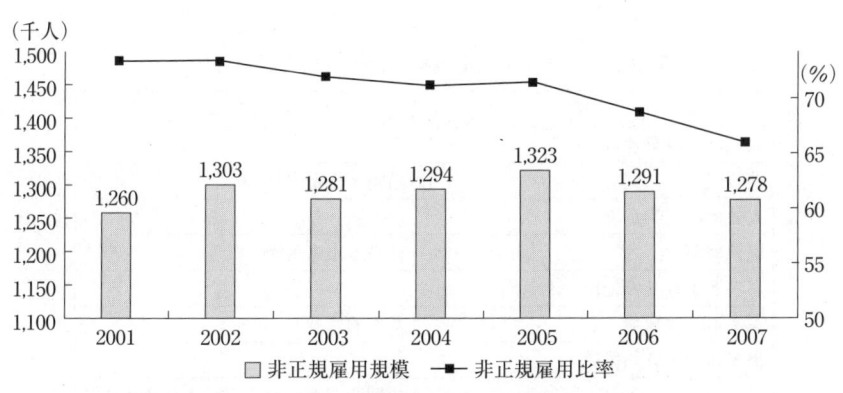

図8-1 卸・小売業女性非正規職規模の推移

年	非正規雇用規模（千人）
2001	1,260
2002	1,303
2003	1,281
2004	1,294
2005	1,323
2006	1,291
2007	1,278

出所：韓国労働社会研究所 2007：32より作成

の非正規職規模は，2006年2250人から1年間で2555人に増加した（韓国労働社会研究所2007: 33 数値は原資料のまま）。小売業では業務の多くを女性非正規職に依存しており，その中でも間接雇用の割合が高くなっている。

(2) 非正規職女性の就業意識

韓国の女性たちの多くが，構造的に非正規職の選択を余儀なくされていることに疑問の余地はない。しかし，2004年から05年にかけて行ったインタビュー調査等の結果（正規職78名，非正規職50名）によると，非正規職を選択した女性たちの就業意識が正規職の女性とは異なっていることもまた確かである（表8-3）。これは，非正規職女性が元々異なった就業意識を持って自ら選択しているのであれば，何の問題もないと主張しようというのではない。そのような就業意識を形成する要因を探りたいと考えたのである。

設問は，仙田・大内（2002）が日本の総合職と一般職を対象に行った調査で使用したものを基としている。この韓国の調査も，当初は総合職と一般職を対象として計画されたものであったが，韓国では「職群別人事管理」（コース別雇用管理）は日本と同時期に導入され始めたものの，女性差別的で

表8-3　正規職・非正規職女性の就業意識（韓国）

正規職	非正規職
入社前の就業意識	
継続就業	結婚・出産退職
入社後の就業意識	
継続就業	結婚・出産退職
家事と子育ての分担	
夫あるいは両親	基本的に妻
出産休暇・育児休職	
短期間	短期間であるが正規職よりは長期間
キャリア開発機会	
異動少なく，スキル開発機会が少ない	異動少なく，短期雇用

出所：森田 2010: 284

あるとされ，ほぼ銀行に残るのみとなっていることが判明した。それでは，誰が一般職の担うはずであった職務を担っているかというと，それは非正規労働者であると考え，この調査を行ったものである。

まず「入社前の就業意識」(「入社前に結婚後も就業を継続することを望んでいましたか」) を見ると，正規職女性78名のうち37名は就業の継続を望んでいた。しかし，15名はどのようにすべきかについて確たる方針は持っていなかったという。それに対して，非正規職女性50名のうち36名は結婚を機に仕事を辞めるであろうと考えており，就業継続を望んでいたのは5名に過ぎない。

次に「入社後の就業意識」(「結婚後も就業継続を望みますか」「結婚した時に就業継続を望みましたか」) を見ると，正規職の多く (68名) は会社側が解雇したり，転勤をさせたりしない限りは働き続けることを望んでいる。結婚後に退職することを考えているものも少数存在する。結婚に際しての退職を望むのは3名，出産後の退職を望むのは5名である。多くは女性差別のない企業への転職を目指しており (51名)，労働市場が流動的な韓国では実際に比較的簡単に転職をする。未婚の正規職女性は結婚・出産が就業を継続するにあたって，もっとも大きな問題となるだろうという (54名)。そのため，働くことをサポートし，家庭でも手助けをしてくれる配偶者を望んでいる (40名)。非正規職では，未婚者44名の多く (30名) が結婚・出産を機に仕事を辞めたいと考えている。調査時点では，非正規職のうち既婚者は6名のみで，銀行で再雇用された人たちであった。

次に「出産休暇・育児休職」についてである。正規職の女性にとって出産休暇を取得するのはかつてよりは容易になっているとはいうものの，たとえば光州地方労働庁の調査によれば，女性勤労者の33.3%が「会社が出産・育児休暇制度を守っていない」と答えており (朝鮮日報 2005年5月5日)[1]，現実には簡単なことではない。政府機関や大企業で働く場合には比較的取得が容易であるが，非正規職の場合には，身分が不安定なため職を失うことを恐

---

[1] 管内の事業主147人，勤労者156人 (男性47人，女性109人) を対象に行った雇用平等に対するアンケート調査の結果である (2005年4月)。

れて取得には困難が伴う。育児休職の期間は，非正規職の方が長めに取得する傾向がある。

「家事の分担と子どもの世話」について尋ねたところ，既婚の正規職女性16名のうち11名は配偶者が半分またはそれ以上の家事を引き受けるという。5名は家事すべてを自分で行うため，残業のない仕事あるいは柔軟な勤務時間を希望している。既婚の非正規職女性6名のうち5名はすべての家事を自分が行い，残り1名のみが配偶者も分担しているという。正規職で子どものいる場合，子どもの世話は保育所を利用したり，近所の人に世話をしてもらったりしているケースもあるが，主として夫か妻の両親が引き受けている。非正規職で子どものいるのは4名のみで，いずれも両親に面倒を見てもらっている。

なお，この調査ではキャリア開発の機会についても尋ねている。78名の正規職のうち，54名は現在の仕事が初職である。女性の場合は異動の機会が少ないため，新しい知識やスキルを習得する機会が少なくなっている。非正規職50名のうち42名は転職を経験しており，現在の仕事が2番目または3番目の仕事となっている。非正規職が雇用された後に正規職に転換することは困難である。正規職への転換の経路を設けている企業もあるが，試験があったり，資格を必要としたりするため，同一組織の中での転換は例外的である。むしろ，他社の採用に応募する方が可能性は高い。非正規職は多岐にわたる職務を与えられることがなく，異動もないため，能力開発の機会は乏しい。

2. 日本のケース

(1) 一般職女性の就業意識

興味深いのは，日本の総合職・基幹職[2]と一般職に見られる就業意識等の

---

[2] 仙田・大内（2002）では，コース別雇用管理を行っていない企業で，職務が男女の区別なく割り当てられている場合を「基幹職」と呼んでいる。

表8-4 総合・基幹職／一般職女性の就業意識（日本）

総合・基幹職	一般職
入社前の就業意識	
職場・仕事状況依存	家族状況依存
入社後の就業意識	
継続就業　出産が最大の問題	結婚後は継続，出産後は退職
家事と子育ての分担	
夫もかなり分担	夫の分担は少ない，日常の子どもの世話は基本的に妻が担っている
出産休暇・育児休業	
休業期間をできるだけ短くして両立を図る	育休をできるだけ長く利用することで両立を図る
キャリア開発機会	
多くが異動　スキル開発の機会も多い	異動はするが，関連のない職務へ コース転換の可能性は限られている

出所：仙田・大内 2002 より作成

違いが，韓国の正規職と非正規職の就業意識等の違いと似た傾向を持っていることである（仙田・大内 2002）。「就業意識」については，入社前の就業意識と入社後の就業意識の傾向に大きな違いがないことから考えると，就業意識はもともとある程度異なっていたものといわなくてはならない。「出産休暇・育児休業」についても，休業をできるだけ短くして早期に仕事に復帰しようとする傾向と，できるだけ休業を長くとって両立を計ろうとする傾向が明確に分かれている。「家事と子育ての分担」についても同様に，夫と分かち合う傾向と妻自らが多くを担おうとする傾向に分化している（表8-4）。

(2) 一般職選択の理由

次に紹介するのは，一般職を選択した女子学生を対象としたインタビュー調査の結果である（仲川 2008）。これは，2007 年の就職活動において金融業の一般職に内定した女子学生 7 名に一般職の選択理由，選択の経緯，コース別雇用管理に対する考え方，理想とするライフコースを尋ねたものである。

選択理由として第 1 にあげられたのは，「転勤はしたくない」である。自

宅を離れての勤務に不安を覚える声が多く聞かれている。第2は，金融業大手の安定性，処遇のよさに対する安心感である。一般職を選択したというよりむしろ，大手で安定しているということを手がかりとして大手金融・保険業を選択し，そこに一般職があったというべきであろう。この点は，韓国の非正規職が自発的に大企業を選択しているのと似通っている。また，第3にはコース別雇用管理の問題点を意識する立場から見ると逆のように思えるが，「女性が多いのであるから，女性活用のノウハウが確立されているはず」との発言も見られた。第4は，私生活を大切にしたバランスのとれた働き方ができるとの理由である。回答者たちは，総合職ではそれは望めないであろうとの確信を持っているのである。第5は，一般職が「自分に合っている」との理由である。縁の下の力持ち的な，あるいは裏方的な仕事にやりがいを認めている。

「最初から一般職を希望していたか」「コース別雇用管理についてどう考えるか」についても尋ねているが，それは一般職の選択が消去法による選択なのか，それとも積極的な選択なのかを知るためである。この7名に関する限り，一般職の選択は積極的な選択のように見える。

しかし，コース別雇用管理について必ずしもきちんと理解していたわけではない。コース別雇用管理の是非については，総合職と一般職の分業によって仕事がうまく循環すると肯定的に見る意見もあるが，一般職の仕事は女子学生にとって，伝統的な働く女性の姿として思い描きやすいため，総合職などよりは抵抗なく選択できるという面もあろうと思われる。希望するライフコースは，キャリア・アップについての考え方と連動している例が多い。すなわち，希望するライフコースとしては多くの調査結果同様，結婚・出産退職型と結婚・出産で一旦辞め，子育て後に復帰するという中断再就職型が多くを占め，就業継続型は2例に過ぎない。

調査対象となった女子学生たちに関する限り，一般職の選択が消去法による消極的なものとは意識していない。ただし，総合職は責任が重く，長時間労働で，私生活を守ることが困難であると感じているため，それを回避しよ

うとしていることは確かである。しかし，コース別雇用管理を実施しているような大手の金融・保険業は，他の業種に比べると待遇がよく，女性に確保された領域としても選択に値するととらえられている。

(3) 女子学生の希望するライフコース

今ひとつは，女子学生のライフコースに関する意識を調査したものである（森田 2004）。多くの調査結果が明らかにしているように，就労に関する女子学生の意識は，時代とともに職業関与性の高い方向へ動いている（神田・女子教育問題研究会 2000）。しかしながら，就業継続を希望する層が圧倒的多数となるには至らず，中断再就職という旧来型のライフコースを希望する層は根強く残っている。これもまた，就業パターン上の女性職域ととらえている。

この結果は，先行研究の示すところと何ら変わらず，全体としては4割強の女子学生が就業継続を，約3割が中断再就職を望む結果となっている（図8-2）。そして，これもまた先行研究同様，4年制大学の中でも共学と女子大の間には希望するライフコースに差のあることが示されている。また，4年制大学と短期大学の女子学生の間にも同様の開きを認めることができる。

「中断型」を選択した回答者には，職業中断の理由を選択してもらった。

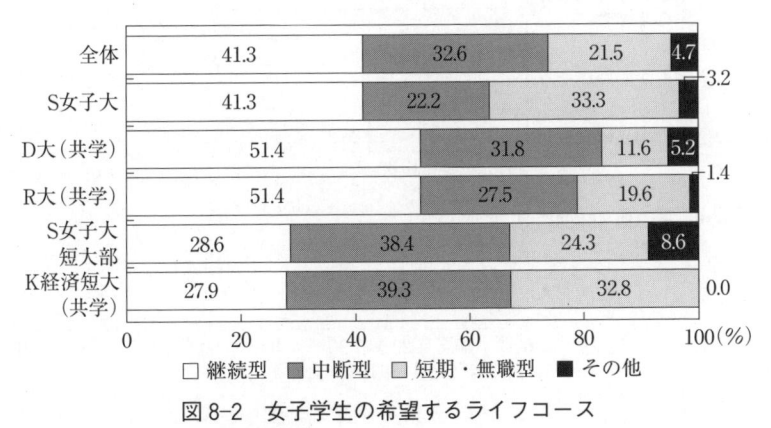

	継続型	中断型	短期・無職型	その他
全体	41.3	32.6	21.5	4.7
S女子大	41.3	22.2	33.3	3.2
D大（共学）	51.4	31.8	11.6	5.2
R大（共学）	51.4	27.5	19.6	1.4
S女子大短大部	28.6	38.4	24.3	8.6
K経済短大（共学）	27.9	39.3	32.8	0.0

図8-2 女子学生の希望するライフコース

出所：森田 2004: 138 より作成

突出していたのは「子どもが小さいうちは自分の手で育てたい」という回答である（図8-3）。4年制大学の女子学生（以下，四大女性）では60.7%，短期大学の女子学生（短大女性）では75.8%がこれを選択した。「職業と家庭の両立は大変だと思う」を選択したのは四大女性ではおよそ2割5分，短大女性では約1割5分，「安心して子どもを預けられるところを見つけるのが困難」を選択したのは四大女性では1.9%のみ，短大女性ではゼロであった。「夫の協力が得られそうもない」に至っては両者とも0%であり，予想を大きく裏切る結果となった。

「中断型」が全体の約3割，そのうちの約7割であるから，女性回答者全体の2割程度が「自分の手で育てる」ことを理由に中断したいと考えていることになる。元々「中断型」を選択する最大の理由として育児があげられるのは当然であるが，実際に働いた経験のある女性の退職理由としては「子育ては自分の手で」について「両立が困難」が「別の地域に引っ越し」と並ん

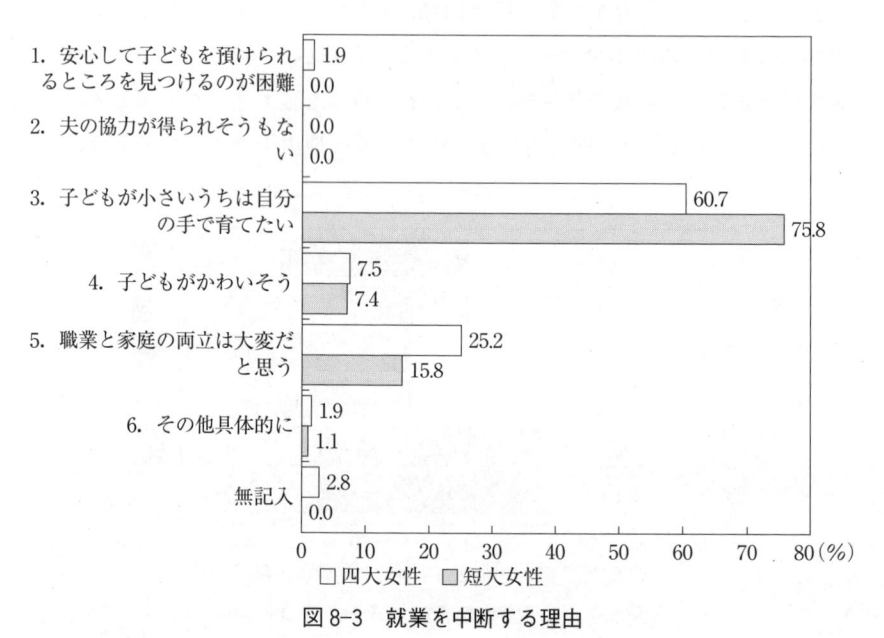

項目	四大女性	短大女性
1. 安心して子どもを預けられるところを見つけるのが困難	1.9	0.0
2. 夫の協力が得られそうもない	0.0	0.0
3. 子どもが小さいうちは自分の手で育てたい	60.7	75.8
4. 子どもがかわいそう	7.5	7.4
5. 職業と家庭の両立は大変だと思う	25.2	15.8
6. その他具体的に	1.9	1.1
無記入	2.8	0.0

図8-3　就業を中断する理由
出所：森田 2004: 141 より作成

で多く選択されていたのに比べると（濱田 2001: 207），現役学生の認識は大きく異なっており，この2割の人にとっては中断再就職型が制約の中での選択ではなく，積極的な選択であるように見える。

　回答者である女子学生のキャリア計画と母親の就業歴に関連があるかどうかを見たのが表8-5である。ここでは女性のみを取り上げている。母親が「継続型」の場合は65.6%が子どもも「継続型」を選択している。母親が「中断型＋後発型」では「継続型」37.6%と並んで「中断後パート再就職」が33.6%，母親が「その他」の場合は「継続型」36.0%についで「短期・無職型」が30.4%であり，全体として見れば，母親の就業歴との関連はかなり高いことがわかる。

　設問のひとつとして，母親が「あなたは職業を持ちなさい」と勧めているかどうかを尋ねた。これには，全体で7.4%，もっとも多い四大女性の母親でも9.9%で，母親世代の強い意思は見られなかった。

　子どものキャリア計画と母親の就業形態の関連についても，表8-6のように母親がフルタイムの場合は子どもの50.3%が「継続型」を選択しており，ここでも関連の深さが示されている。

表8-5　母親の就業歴と子どものキャリア計画（女性）（％）

		継続型	中断型＋後発型	その他	計
キャリア計画	継続型	65.6	37.6	36.0	41.3
	中断後フル再就職	1.0	8.9	5.9	6.5
	中断後パート再就職	13.5	33.6	22.9	26.1
	短期・無職型	14.6	15.5	30.4	21.5
	その他	5.2	4.4	4.7	4.7
	計	100.0	100.0	100.0	100.0

出所：森田 2004: 145

表 8-6　母親の就業形態と子どものキャリア計画（女性）（％）

		フルタイム	パートタイム	その他	計
キャリア計画	継続型	50.3	34.3	40.5	41.3
	中断後フル再就職	8.6	7.1	4.5	6.5
	中断後パート再就職	21.7	34.3	22.7	26.1
	短期・無職型	13.1	20.2	28.3	21.5
	その他	6.3	4.0	4.0	4.7
	計	100.0	100.0	100.0	100.0

出所：森田 2004：145

3．女性職域選択の持つ意味

　この章では，先に詳細に検討した秘書職以外の女性職域の選択を取り上げた。最後に，非正規職や一般職，就業中断型ライフコース等の女性職域の選択が持つ意味について考察する。

　韓国における非正規職の選択については，構造的にその選択を余儀なくされているという一面がありながら，自発的選択と見られる部分があることもまた否定することができない。それは，選択動機，就職動機にも現れているが，就業意識が入社前から既に異なっていることからも推察することができる。しかしながら，そのような動機や意識がどのように形成されたかについて考えてみることの方が重要である。

　このような時，最初に取り上げられる要因のひとつは性別役割分業意識であろう。しかし，第 1 章図 1-3 が示すように，既に韓国においては固定的性別役割分担意識に反対する割合が，「どちらかといえば反対」も合わせると，女性ではおよそ 85％，男性でも 77％にものぼっていることから考えると，この場合要因とするには無理がある。それよりむしろ，非自発的選択の要素が多分にあるにせよ，諸条件を勘案しての「合理的選択」ととらえるべきではないだろうか。

　同様の選択は，日本における一般職の選択，就業中断型ライフコースの選

択にも見られる。一般職女性の就業意識には韓国の非正規職女性の就業意識と共通点があり，総合・基幹職女性とは入社前から異なった傾向を示していた。また，一般職の内定をもらっている女子学生たちは，一般職を「積極的」に選択したように見える。希望するライフコースについては，中断型ライフコースの希望を女性の側の真の希望ととらえるかどうかが重要なポイントとなる。このような選択は，時に現実の労働市場の諸条件を勘案しての「戦略的選択」と呼ぶべきであろう。不利が予想される労働市場への参入や残留を回避するのである。女性職域は「逆説的に女性に確保された領域」(Brinton 1993) でもあるからである。

　Hakim (1996, 2000, 2003) は，英米のような国々では性別職域分離は既に重要な問題ではなくなっているにもかかわらず，なぜ女性がグレードの高い，高賃金の仕事を選択しないのかという疑問から出発して，その「選好理論」を公表した。21世紀の豊かな社会においては，5つの歴史的な変化（避妊革命，機会均等革命，ホワイトカラー職種の拡大，第2の稼ぎ手への職の創造，各人の態度・価値観・選好の重要性の増大）が女性にとっての新しいシナリオを用意しており，女性のライフスタイルの選好において「真正の選択」が可能となっている。一旦それが可能になると，女性の中の不均質性が明らかとなり，女性は3つの異なったライフスタイルを選好するというものである。3つのライフスタイルとは家族中心型，状況適応型，仕事中心型で，調査によるとその割合はそれぞれ20%（10~30%），60%（40~80%），20%（10~30%）であったという。

　構造的な制約が女性の社会での活動を妨げているとするフェミニズムの見地からは厳しい批判が出たが，このような時代になってもすべての女性が仕事中心型を選択するわけではないという現実を説明するものではあり，本章における女性職域の選択に「自発的選択」と見られるものを多く含んでいることとの一致を見出すことができる。

　日韓においても正規職のWLBやDMが経営労務の新局面として展開されようとしていることは確かである。しかし，そこで主として問われている

働かせ方の変革は，限定的な効果しか持ち得ていないのが現状である。働かせ方の変革が進まない中で，女性の側は働き方の選択で自衛しているのではないだろうか。

　もとより，職業選択は多くの場合，その選択をする以前に，自らが所属する特定の階級・階層的位置にとって「可能でない職業」「考えられない職業」は，あらかじめ排除した上でなされるという（江原 2006: 82）。働かせ方の変革が進展しない限り，女性の側の選択の幅が大きく拡大することはないものと思われる。

終 章
まとめと残された課題

　本書の目的のひとつ目は，韓国の働く女性たちの「今」を明らかにすること，そして「キャリアの壁」にいかに対処しているかを伝えることであった。残念ながら，日本と韓国の大きな共通点は先進諸国中では他に見られないほど大きな男女格差であった。しかし，学ぶべきことは多々ある。たとえ格差は大きくとも，たとえ少数であろうとも，高等教育を受けた女性たちが活躍しているその姿にこそ意味がある。それは，次の世代への大きなメッセージである。韓国の若い女性たちと話をしていると，「もう男女の差別はありませんから」という。もちろん，そのような発言ができるのは，一部のエリート女性に限られていることだろう。しかし，このようなメッセージは第Ⅱ部で焦点をあてた女性職域の選択にも大きくかかわる。上の世代が次の世代の選択の幅を広げておくことに意味があるからである。

　本書のもうひとつの目的は，この女性職域の選択について論じることであった。第Ⅱ部で主として取り扱ったのは韓国の秘書である。韓国における秘書のような女性職は，女性に対して，一方で男性と変わらぬ業績達成を奨励しながら，他方で女性・母親役割を奨励する二重規範を持っており，時代が進むにつれ，高学歴女性は女性職を選択しなくなるのではないかと考えたからである。

　秘書を取り上げたのは，秘書職はもっとも可視的な形でそのような相矛盾する側面を見ることができる職業のひとつだからである。中でも韓国の秘書を取り上げたのは，韓国においては，秘書職の二重規範が特に鮮明に存在するからである。韓国では，解放後まもなく梨花女子大学において秘書の養成

が始められ，後にはそれが独立した秘書学科の設置に至った。そこでは，秘書職を「働く女性の先進的モデル」のように位置づけ，社会もまたそれを受け入れる状況にあった。多くの国では，女性の高等教育が拡大し，職場への進出が進展し，男女平等の意識が高まるにつれ，秘書は女性にとって目標とすべきモデルとはされなくなってきたのであるが，韓国においては，長らく秘書がそのような先進的モデルたり得たのである。その理由は，韓国の秘書職の特殊性にある。その第1は，秘書に高い外国語能力が必要とされたことである。欧米の国々では，外国語能力は韓国ほどには必要とされることはなく，されたとしてもそれほど特別な能力とは見なされなかったのであるが，韓国においては，それは高等教育を必要としたばかりでなく，高等教育修了者の中でも特別な能力と見なされたのである。第2に，男性秘書の存在がある。男性の秘書は，たとえ同じ秘書という職名であっても，担当するのは事務補助的なものではなく，参謀あるいは側近としての職務である。これが，秘書という職種が組織にとって，また経営にとって重要な意味を持つものという認識を定着させることとなった。第3に，秘書の存在が役職者の権威づけという意味を持ったことも忘れてはならない。権威づけには，若くて美しい才媛が望まれたのである。

　これらの事情は，日本においても非常に似通っているのであるが，日本では，秘書の養成は，短期大学における秘書教育が盛んとなる1970年代までは，東京YWCAなどの各種学校が中心となっていた。それ以外には，秘書教育を受けたかどうかとは関係なく，津田塾大学出身者のような高い外国語能力を持つ女性が秘書として採用されていたが，その後もついに，4年制大学に秘書専攻課程が設置されることはなかった。韓国では先進的モデルとしての秘書の養成の舞台として梨花女子大学が選ばれたのであるが，日本では秘書養成の正式な場として4年制大学が選ばれることはなかったのである。そのため，梨花女子大学で秘書を養成してきた韓国の場合の方が，秘書の先進的モデルとしての位置づけが，より鮮明なものとなっている。

　ところが，女性秘書の現実の職務は，次の4点において否定的な側面を

持っている。第1に将来展望が欠如していること，第2に補助的・周辺的職務であること，第3に職務が単調で反復的であること，第4に女性・母親役割が期待されていることである。これらの点は，日本においても欧米においても共通である。

そのような秘書職の持つ意味に，時代とともに変化が起きている。韓国においては，解放後しばらくの間は，秘書は働く女性の先進的モデルとして疑うことなく受け入れられていたのであるが，80年代頃からは少しずつ疑問を持たれるようになり，近年では否定的側面がより明確に認識されるようになっている。

さらに，韓国において秘書職の持つ意味とその変化を見る場合，学歴差の持つ意味は大きなものとなっている。4年制大学としては唯一秘書教育を行ってきた梨花女子大学秘書学科出身者と，後発の2年制の専門大学の秘書専攻課程出身者の間に学歴による明らかな階層差が存在する。そして，梨花女子大学出身者の方には，最初に述べた矛盾が色濃く現れる。梨花女子大学秘書学科の場合は，提示するモデルの先進性が際立つだけに，もう一方の女性・母親役割との矛盾もまた際立つのである。

本書で，具体的に焦点をあてて論証しようとした仮説は以下のとおりであった。

＜仮説1＞梨花女子大学秘書学科は，その学生に対して二重規範を提示している。

＜仮説2＞二重規範に対する個人の対応として，キャリア転換が行われる。

＜仮説3＞高学歴女性は，秘書職を選択しなくなりつつある。

仮説検証の結果は以下のとおりである。

＜仮説1＞学校組織研究の手法によって明らかになった梨花女子大学とその秘書学科のチャーター／文脈変数は，「職業系」あるいは「キャリア婦人養成系」であり[1]，梨花女子大学秘書学科では，秘書職を「働く女性の先進的モデル」として提示してきた。ところが，秘書という職業は，もう一方で女性・母親役割の遂行を奨励する規範を提示しており，梨花女子大学秘書学

科の提示する二重規範が確認された。

　＜仮説2＞事例等の分析により，就業を継続するにつれ，二重規範の矛盾が認識されるようになり，秘書からのキャリア転換が行われていることが確認された。二重規範の問題性は，解放後しばらくの世代には何ら問題とはならなかったのであるが，時代が進むにつれ，意識されるようになっている。

　＜仮説3＞仮説では「高学歴女性は」としたが，韓国の女性秘書内部に学歴による階層性を確認した。事例分析によると，高学歴女性の中でも学歴上位階層は確かに秘書職を選択しなくなりつつある。しかし，高学歴女性の中でも学歴下位階層は秘書職を目標とし続けている。

　女性職の選択に関する当初の仮説は，「女性職は徐々に選択されなくなる」というものであった。韓国の女性秘書の内，高学歴女性，中でも学歴上位階層に関する限り，この仮説は支持される。

　第Ⅱ部では，他にいくつかの女性職域についても論じた。その結論は，一見自発的に見える選択であっても，それは必ずしも「真正な選択」とはいえず，この点は梨花女子大学秘書学科を卒業した若い世代に見られるのと同様に，ある時には「戦略的」，ある時には「自衛的」ともいえる「合理的選択」というべきであるとした。しかし，本書ではこれらの女性職域についても上の仮説が支持されるかどうかの検証には至っていない。また，第Ⅱ部の多くを費やして検討した「二重規範」の概念が，他の女性職にも適用可能かどうか，どこまで一般化できるかについての検討も課題として残っている。労働市場から撤退した女性あるいは女性職域を選択しなかった女性についての検討も残された課題である。

　しかしながら，ここで確認した二重規範は，女性職一般にも共通し，韓国においてのみならず，いずれの国においてもほぼ共通に存在するのではない

1　中西（1998）では，複数の女子大を対象とした調査を行い，その大学組織の特徴によって対象校のグループ分けを行っている。韓国の女子大についても同様の調査によってグループ分けを行えば，学校組織の特徴はより明確となろう。

かと考えている。二重規範への個人の側の対応として，女性職の回避あるいは女性職からのキャリア転換が行われ，学歴上位階層が選択しなくなった場合，学歴下位階層がそれを埋めるという図式も，その他の女性職にも当てはまるのではないかと考えているが，これは今後精査しなくてはならない。ただ，女性の教育と就業をめぐっては，このような二重規範が，常に逃れがたいものとしてつきまとうのではないかとも考えている。本書で取り扱うことができたのは，より高い職業的達成と職場における女性・母親役割間の葛藤であったが，このような二重規範は個人の中にも様々な場面で起こり得る。たとえば，社会の価値観が日々変容しつつあるにもかかわらず，専業主婦願望は若い世代にも根強く残っているのであるが，その場合，多くの女性が学校教育の中で抱いていた高い教育的達成そして卒業後社会で働く間に抱いていた可能性のある高い職業的達成へのアスピレーションはどのように処理されるのかについて，さらに研究を重ねたいと考えている。

　「キャリア・パスの壁を破る」ためには，個々の女性のエンパワメント，国家と企業の制度整備とその実効性のある運用等，果たさなくてはならないミッションが多々存在するが，そのひとつとして，女性の選択の幅を広げることの重要性がもっと認識される必要がある。幼少期の家庭教育，その後の学校教育を通じて，進路の選択については，押しつけではない「本人の自由な選択」の必要性は十分に認識されている。それを筆者は「自由な選択の落とし穴」と呼んでいる。一見自由に見える個人の選択が，構造的な制約のもとで行われることはいうまでもないが，性別役割分担意識などは時に「内なる制約」として作用する。そのような制約を取り除き，選択の幅を広げることが「キャリア・パスの壁を破る」有効な方途ではないだろうか。

あ と が き

　本書は，2007年3月立命館大学大学院社会学研究科から学位授与された博士論文『変容期における女性職のゆくえ――韓国・梨花女子大学校秘書学科にみる二重規範』を中心とし，その前後に公表した論文とともに構成したものである。出版にあたっては平成22年度大阪樟蔭女子大学「出版助成金」の交付を受けた。

　本書の各章は，上記博士論文を含めた既発表論文に加筆修正をしたものである。単著論文執筆に至るまでに，韓国の秘書と秘書教育に深い関心を抱いた3名の研究者の方々と何度も韓国を訪れ，度重なる調査を行った。この研究の多くはその頃の調査とそれをまとめた以下の論文・著作を土台としている。

　　水谷啓子・油谷純子・森田園子，1996，「日韓秘書教育の比較I」『日本国際秘書学会研究年報』3: 33-53。
　　島本みどり・水谷啓子・森田園子・油谷純子，1997，「韓国の企業秘書」『全国大学・短期大学実務教育協会　実務教育研究年報』3: 31-54。
　　島本みどり・水谷啓子・森田園子・油谷純子・洪淳伊・金晋夏，1997，「日韓秘書教育修了者の比較研究――その仕事と秘書教育効果の検証」，『ビジネス実務論集』15: 43-55。
　　島本みどり・水谷啓子・森田園子・油谷純子，1998，「韓国の企業秘書――組織と秘書業務」『ビジネス実務論集』16: 21-31。
　　島本みどり・水谷啓子・森田園子・油谷純子，2001，「韓国企業の慶弔行動――秘書の慶弔行動の意味と役割」『ビジネス実務論集』19: 11-20。
　　島本みどり・水谷啓子・森田園子・油谷純子，2003，『韓国の働く女性たち』東方出版。

森田単著論文の初出は以下のとおりである。

森田園子，1997，「韓国の秘書教育とその有効性」『樟蔭女子短期大学紀要　文化研究』11：11-30【第3章】

森田園子，1998，「韓国の企業組織と秘書」『樟蔭女子短期大学紀要　文化研究』12：61-81【第4章】

森田園子，2004，「キャリア計画とワーク・ライフ・バランスの取り方――女子学生の就業意識調査から」『立命館産業社会論集』40（1）：135-54【第8章】

森田園子，2010，「女性職域としての非正規労働――韓国の非正規労働をめぐって」『人間科学研究紀要』9：275-88【第2章・第8章】

森田園子，2011，「働かせ方の変革／働き方の選択――韓国の女性労働をめぐって」『労務理論学会誌』20（3月刊行予定）【第8章】

そもそも，私の人生に研究者への道があらかじめ予定されていたわけではない。しかし，今にして思えば，「働く女性」になること，言い換えれば「働くお母さん」になることだけは，小学生の頃からライフプランに組み込まれていた。小学校時代の恩師小谷喜代子先生の凛々しいお姿が私のロールモデルとなっていたのである。

大学時代には，「両立」は家庭と職場の双方に迷惑をかけるから，どちらかを選択すべきであると確信していた時期もあった。しかし，社会人になる頃には職業選択の基準は「ずっと続けられる仕事」に回帰していた。その基準で選択した母校図書館司書の仕事は，これも今思えば，自分の中の「二重規範」に振り回された挙げ句に6年間で退く道を選択してしまった。ところが，仕事をしていない自分に耐えることができず，徐々に仕事の世界に戻ってくることとなった。従って，大学教育そして研究の世界に本格的に身をおくようになったのは，30代も終わりの頃である。遠回りをしてしまったと思わないではないが，その遠回りが研究課題を与えてくれたことを思えば，日頃抱いている「人生に無駄なことは何もない」という確信が深まるように

思う。

　研究の道に入ってからも葛藤は続いた。それは，女性だから女性労働を研究するというのはあまりに短絡的ではないかというものであった。ここでも若干の遠回りをし，結局女性労働にたどりついたのには2つの理由がある。ひとつは，自分自身が子育てをしながら働いてきた中で，様々な「壁」にぶつかってきたことである。その壁を破るために上の世代が獲得した知恵や手法は，必ずしも筆者の世代に受け継がれたわけではなく，次の世代もまた同じ壁にぶつかっている。我々の世代は次の世代に，どのような壁が迫ってくるのか，それにはどのように対処すればよいのかを伝えておくことが責務であると考えている。

　もうひとつは，日頃女子大学生と接していて，彼女たちのキャリアやライフコースについて考えさせられる機会が多々あったことである。単純にいえば，なぜこんな時代に自らの能力を最大限に発揮できるような生き方をしないのだろうかという疑問である。どのような生き方をしようと，それはその人の選択であってとやかくいうものではないという考え方もある。もちろん，職業に貴賤はない。しかし，極く狭い範囲からの選択を世代間で繰り返すのではなく，次の世代には自分の人生をフルに生きて欲しいと切に願っている。

　さて，本研究がここに至るまでには多くの方々のお世話になった。すべての方々のお名前をあげることはできないが，この場を借りて感謝申し上げたい。

　まずは，上にあげた共同研究者の方々に御礼申し上げる。あの連携なくしては，このような研究への一歩を踏み出すことはできなかった。また，関西学院大学大学院商学研究科において渡辺峻先生に巡り会ったことが，労務理論研究への道を開くこととなった。渡辺先生には爾来長きにわたって変わらぬ励ましをいただいている。守屋貴司先生には，その後の立命館大学社会学研究科博士後期課程への進学をお勧めいただいた。50歳を越しての進学は，苦労の中にも大きな喜びを与えてくれた。同研究科では，社会学の知識が皆

無の筆者を中川順子先生が3年間辛抱強く導いてくださった上に，博士論文への大きな示唆を与えてくださった。中川先生ご退任後は，木田融男先生が筆者の指導を引き受けてくださった。内容はもちろんのこと，一字一句にいたるまで気を配ってくださったご恩は忘れることができない。筆者も学生の論文指導にはかくあるよう努めている。

韓国の研究者たち，特に梨花女子大学の崔愛敬先生，大林大学の洪淳伊先生，インタビューに応じてくださった企業の方々，働く女性の方々，コーディネートに尽力してくださった方々，そしてどんな時にも変わらぬ親切で，外国人である筆者を助けてくれたごく普通の韓国の人びとに心より感謝申し上げる。何度も通訳を務めてくれた李明淑さん，リサーチ・アシスタントを務めてくれた安世羅さんには特にお世話になった。

労務理論学会，日本労務学会の会員の方々にも御礼申し上げる。2つの学会に与えられた研究の機会とその発表の機会なくしてはこの研究はなし得なかった。

大阪樟蔭女子大学で教鞭をとる機会を与えてくださった伊藤田公美先生を始めとする先輩の先生方や同僚，事務局メンバーには，大学院進学，英国での在外研究などあらゆる面でご助力をいただいた。博士論文の執筆はちょうど新学科の起ち上げと重なったが，その間，影になり日向になり支えてくれた同僚の方々にも御礼申し上げたい。

そして，この出版の機会を与えてくださった八千代出版のご厚意と編集の労を執って下さった岩谷美紀さんにも深く御礼申し上げる。校正を強力にサポートしてくれた島松晴子さんと稲田啓子さんには本当にお世話になった。

学校時代を通じ，筆者より能力の高い女性はいくらでもいた。筆者が曲がりなりにも本研究を成し遂げることができたのは，多くの学恩の他には，ただひとえに仕事を「継続」したことによる。後に続く女性たちがたとえ遠回りをしようとも，あきらめることなく「継続」することによって，何事かを成し遂げてくれることを切に願っている。

最後に，家族への感謝を述べることをお許しいただきたい。日頃「愉快な仲間たち」と呼んでいる夫と子どもたち，そして筆者が仕事をしている間に子どもたちの面倒を見てくれた母に心からの感謝を捧げる。

　2011年早春　　　　　　　　　　　　　　　　　　　　森田園子

参考文献

アルファベット順　韓国人名は，アルファベット表記されている場合はその表記に，されていない場合は標準的なアルファベット表記による。

Abercrombie, N. 他，2000，丸山哲央監訳『新しい世紀の社会学中辞典』ミネルヴァ書房。
合場敬子，1996，「アメリカ社会学における性別職域分離研究の理論的枠組と今後の研究方向」『日米女性ジャーナル』20: 100-15。
天野郁夫，1983，「教育の地位表示機能について」『教育社会学研究』38: 44-9。
天野正子編著，1986，『女子高等教育の座標』垣内出版。
安熙卓，1991，「韓国の雇用制度」佐護譽・韓義泳編著『企業経営と労使関係の日韓比較』泉文堂，325-52。
Anderson, G., 1988, *The White-blouse Revolution: female office workers since 1870*, Manchester Univ. Press.
Anker, R., 1997, "Theories of Occupational Segregation by Sex: an overview", *International Labour Review*, 136(3).
――, 1998, *Gender and Jobs: sex segregation of occupations in the world*, ILO.
青島祐子，1992，『短期大学における秘書教育の展開――キャリア教育としての可能性』東京国際大学大学院平成4年度修士論文。
――, 1994，『女性のキャリア戦略――秘書からの出発』学文社。
荒井一博，1995，『教育の経済学』有斐閣。
Babbage, C., [1832] 1989, *The Economy of Machinery and Manufactures*, William Pickering.
Beechey, V. 1987, *Unequal Work*, W. W. Norton.（= 1993, 高島道枝・安川悦子訳『現代フェミニズムと労働――女性労働と差別』中央大学出版部)
Blum, L., 1991, *Between Feminism and Labor: the significance of the comparable worth movement*, Univ. of California Press.（= 1996, 森ます美訳『フェミニズムと労働の間――コンパラブル・ワース運動の意義』御茶の水書房)
Braverman, H., 1976, *Labor and Monopoly Capital: the degradation of work in the twentieth century*, Monthly Review Press.（= 1978, 富沢賢治訳『労働と独占資本――20世紀における労働の衰退』岩波書店)
Brinton, M. C., 1993, 粒来香訳「事務職の拡大――女性の就業パターンに関する米国と東アジアの比較歴史的研究」『日本労働研究雑誌』453: 36-49。
――, 2002, "Gendered Offices: a comparative-historical examination of the feminization of clerical work", *Presentation at the Conference on the Political*

Economy.
―― ed., 2001, *Women's Working Lives in East Asia*, Stanford Univ. Press.
Chang, Chan Sup & Nahn Joo Chang, 1994, *The Korean Management System: cultural, political, economic foundations*, Quarum Books.
Chen, Min, 1995, *Asian Management Systems: Chinese, Japanese and Korean styles of business*, Routledge.（＝ 1998, 長谷川啓之・松本芳男・池田芳彦訳『東アジアの経営システム比較』新評論）
趙惠貞, 2002, 春木育美訳『韓国社会とジェンダー』法政大学出版局。
崔愛敬, 1993,「秘書職の専門化のための方案」『秘書教育年報』18: 1-5。
Coré, F., 1999, "The Continuing Saga of Labour Market Segregation", *OECD Observer*, 216: 42.（＝ 1999「いまも変わらない労働市場の女性差別」『OECD Observer 日本語版』216, http://www.oecdtokyo.org/tokyo/observer/216/216-21.html　2005 年 5 月 30 日）
Crompton, R., 1988, "The Feminisation of the Clerical Labour Force since the Second World War", G. Anderson ed. *The White-Blouse Revolution: female office workers since 1870*, Manchester Univ. Press.
Crompton, R. & G. Jones, 1984, *White-collar Proletariat: deskilling and gender in clerical Work*, Temple Univ. Press.
Crompton, R., G. Jones, & K. Sanderson, 1990, *Gendered Jobs and Social Change*, Unwin Hyman.
大韓商工会議所, 2005,『女性人力に対する企業認識の実態』大韓商工会議所（韓国語）。
Davies, M. W., 1982, *Woman's Place is at the Typewriter: office work and office workers, 1870-1930*, Temple Univ. Press.
江原由美子, 2006,「ジェンダーと構造化論」江原由美子・山崎敬一編『ジェンダーと社会理論』有斐閣, 75-89。
Fried, N. E., 1993, *Secretarial Grading Practices: 1993 update*, N. E. Fried Associates Inc.
深川由起子, 1997,『韓国・先進国経済論――成熟過程のミクロ分析』日本経済新聞社。
深谷昌志, 1990,『良妻賢母主義の教育』黎明書房。
元治恵子, 2004,「女子高校生の職業アスピレーションの構造――専門職と女性職」『応用社会学研究』46: 67-76。
コ・ヒョソン他, 1997,「専門秘書職に対する梨花女子大学秘書学科の学部学生の意識構造の研究」『秘書学研究』17: 29-54（韓国語）。
Golding, J., 1986, "Some Problems in the Concept of Secretary", *International Studies of Management & Organization*, 16(1): 94-111.

Grimshaw, D. & J. Rubery, 1997, "The Concentration of Women's Employment and Relative Occupational Pay: a statistical framework for comparative analysis", *OECD Labour Market and Social Policy Occasional Papaers*, 26, OECD Publishing.
Gutek, B. A., 1988, "Women in Clerical Work: theories and facts in perspective", A. H. Stromberg & S. Harkess eds. *Women Working*, 2nd ed., Mayfield.
Hahm, In Hee, 2006, "Career Development for Women in Korea: still long way to go", 国際シンポジウム「女子学生のキャリア開発」(京都女子大学) 2006 年 12 月 9 日.
Hakim, C., 1991, 'Grateful Slaves and Self-made Women: fact and fantasy in women's work orientations', *European Sociological Review*, 7(2): 101-21.
―, 2000, *Work-Lifestyle Choices in the 21st Century: preference theory*, Oxford Univ. Press.
―, 2003, *Models of the Family in Britain and Spain: ideals and realities*, Ashgate.
―, [1996] 2004, *Key Issues in Women's Work: female diversity and the polarisation of women's employment*, 2nd ed., Glass House Press.
濱田知子, 2001,「高学歴女性の職業とライフコース」脇坂明・冨田安信編『大卒女性の働き方――女性が仕事をつづけるとき, やめるとき』日本労働研究機構.
ハン・アルム他, 2002,「梨花女子大学秘書学科に対しての対内対外的な認識調査を通じた発展方向の模索」『秘書学研究』22: 3-71 (韓国語).
春木育美, 2005,「韓国における女性の就業構造の変化」『大阪女子大学女性学研究センター論集』1: 65-78.
―, 2006,『現代韓国と女性』新幹社.
橋本健二, 1998,「書評　中西祐子『ジェンダー・トラック』」『国立婦人教育会館研究紀要』2: 130-1.
―, 2003,『階級・ジェンダー・再生産――現代資本主義社会の存続メカニズム』東信堂.
服部民夫, 2004,「経済危機前後における韓国労働市場」『東京大学コリア・コロキュアム講演記録』2004 年度, 第 2 回, 17-38.
Hausmann, R. *et al.*, 2009, *Global Gender Gap Report 2008*, World Economic Forum.
洪淳伊, 1995,「秘書の再教育に関する研究――国内系および外国系金融機関を中心として」『秘書学論叢』3: 133-60 (韓国語).
―他, 2005,「非正規職の雇用拡大による秘書関連学科の対応戦略の模索――卒業生の雇用方式に対する認識調査を中心に」『秘書学論叢』14(2) http://kass.or.kr/?sub=0201　2007 年 2 月 20 日 (韓国語).
洪良姫, 2004,「韓国における賢母良妻の歴史的役割と現在」京都橘女子大学女性歴史文化研究所国際シンポジウム『アジアにおける良妻賢母主義――その歴史

と現在』2004 年 12 月 4 日。
玄美兒，2003，「韓国の女性政策にみる『賢母良妻』規範——朴正熙政権から全斗煥政権までを中心に」『家族社会学研究』15(1)：17-26。
飯田浩之，2001，「書評　樋田大二郎・耳塚寛明・岩木秀夫・苅谷剛彦編著『高校生文化と進路形成の変容』」『教育社会学研究』68：259-61。
ILO, 2000, *ABC of Women Worker's Rights and Gender Equality*, ILO.
イム・ヘジョン／ヤン・インスク／カン・ミンジョン，2008『多様性管理次元（Diversity Management）での女性人的資源開発』韓国女性政策研究院（韓国語）。
International Association of Administrative Professionals, 2010, *IAAP's 2009 Benchmarking Survey*.
http://www.iaap-hq.org/newsroom/journalistresources/2009survey.html
2010 年 10 月 25 日。
張芝延，2006，横田伸子訳「韓国の女性労働と労働運動——非正規職化を中心に」『大原社会問題研究所雑誌』572：1-16。
池東旭，1997，『韓国の族閥・軍閥・財閥——支配集団の政治力学を解く』中央公論社。
自治体国際化協会，2005，「韓国の雇用政策——若年層及び高齢者に対する施策を中心として」『CLAIR REPORT』279。
Joo, Jaeseon, 2010, *Statistical Handbook 2010: women in Korea*, Korean Women's Development Institute.
Joo, Jaeseon & Chaejeong Lee, 2009, *Statistical Handbook 2009: women in Korea*, Korean Women's Development Institute.
全龍昱・韓正和，1997，康子宅訳『韓国三星グループの成長戦略』日本経済新聞社。
チョン・ヨングム，2009，「ワーク／ファミリー・バランス関連の法と政策の比較考察」『韓国家族支援経営学会誌』13(2)：85-105（韓国語）。
神田道子・女子教育問題研究会編，2000，『女子学生の職業意識』勁草書房。
韓国保健社会研究院，2006，「2005 年度全国結婚および出産動向調査」（韓国語）。
韓国女性開発院，各年，『女性統計年報』（韓国語）。
韓国労働研究院，2008，「2008KLI 労働統計」（韓国語）。
――，2010，「2010KLI 労働統計」（韓国語）。
韓国労働社会研究所，2007，「流通業女性非正規職差別および労働権実態調査」2007 年度人権状況実態調査，国家人権委員会
http://www.humanrights.go.kr/subject/common/body01_2.jsp?NT_ID=17, 117&cate=108&flag=VIEW&SEQ_ID=558770　2009 年 9 月 13 日（韓国語）。
韓国専門大学教育協議会，2010，『2010 学年度全国専門大学編覧』韓国専門大学教

育協議会(韓国語)。
Kanter, R. M., 1977, *Men and Women of the Corporation*, John Wiley.
加藤秀樹編, 1996, 『アジア各国の経済・社会システム』東洋経済新報社。
クム・ゼホ, 2002, 『女性労働市場の現状と課題』韓国労働研究院(韓国語)。
金基元, 2007, 「金大中―盧武鉉政権は果たして市場万能主義であろうか」『創作と批評』137　http://jp.changbi.com/132　2009年12月12日。
キム・ジェシク, 2004, 「ビジネス・カレッジ学生の秘書職に対する態度」『秘書学論叢』13(2): 5-21 (韓国語)。
金眞淑, 2003, 「日本の『良妻賢母』と韓国の『賢母良妻』にみる女子教育観」氏家幹人他編『日本近代国家の成立とジェンダー』柏書房。
金宗炫・大西健夫編, 1995, 『韓国の経済――革新と安定の開発戦略』早稲田大学出版部。
金美蘭, 1993, 「韓国における女子高等教育の拡大と文化――女性にとっての学歴と『賢母良妻』」『東京大学教育学部紀要』33: 55-66。
キム・スンゥォン他, 2003, 『低出産対策の人口政策開発及び汎政府推進体系の樹立研究』韓国保健社会研究院(韓国語)。
キム・スンヨン, 2000, 『女子学生の卒業後の職業決定プロセスに与える大学教育の影響』梨花女子大学大学院修士論文(韓国語)。
金英, 2001, 「韓日女性労働者の労働市場経験と性別分業意識――正規職・非正規職の比較を中心に」『東亞経済研究』59(3): 317-59。
木本喜美子, 1999, 「女の仕事と男の仕事――性別職務分離のメカニズム」鎌田とし子・矢澤澄子・木本喜美子編『講座社会学14　ジェンダー』東京大学出版会。
木村涼子, 1996, 「ジェンダーと学校文化」長尾彰夫・池田寛編『学校文化――深層へのパースペクティブ』東信堂, 147-70。
――, 2006, 『学校文化とジェンダー』勁草書房。
King, R., 1971, "Unequal Access in Education: sex and social class", *Social and Economic Administration*, 5(3): 167-75.
――, 1973, *School Organization and Pupil Involvement*, Routledge & Kegan Paul.
小泉正人, 2000, 「秘書をめぐる社会学――R.M.カンターの秘書論によせて」『埼玉純真女子短期大学研究紀要』16: 45-55。
小久保みどり, 2002, 「大学生の職業選択のジェンダー差」『立命館経営学』41(2): 69-87。
駒川智子, 2007, 「女性事務職のキャリア形成と『女性活用』――ジェンダー間職務分離の歴史的形成・変容過程の考察」『大原社会問題研究所雑誌』582: 31-56。
金野美奈子, 2004, 「性別職域分離――仕事の中の男性と女性」佐藤博樹・佐藤厚編『仕事の社会学――変貌する働き方』有斐閣。
Korean Council for College Education, 2006, *College Education in Korea: 2005-2006*

http://www.kcce.or.kr　2006 年 7 月 24 日。
Korean Council for Junior College Education, 1996, *Junior College Education in Korea 1995-1996*, Korean Council for Junior College Education.
厚生労働省，2005，「賃金構造基本統計調査」。
――，2010a,『働く女性の実情（平成 21 年版）』。
――，2010b,「人口動態統計の年間推計（平成 21 年）」。
小山静子，1991,『良妻賢母という規範』勁草書房。
熊沢誠，2000,『女性労働と企業社会』岩波書店。
教育人的資源部，2005，*2004 Brief Statistics on Korean Education*
　　http://english.moe.go.kr/html/statistics.2004_statisitcs.pdf　2006 年 7 月 17 日。
――，2005,『教育統計年報』
　　http://cesi.kedi.re.kr/jcgi-bin/publ/publ_yrbk_frme.htm　2006 年 7 月 17 日（韓国語）。
イ・ヘスク，2005，「非正規職女性秘書の雇用実態および改善方向――専門大学出身秘書を中心に」『秘書学論叢』14(2)
　　http://kass.or.kr/?sub=0201　2007 年 2 月 20 日（韓国語）。
Lee, Hyo-sik, 2009, 'Young Women Exceed Men in Employment', *What's in Press*
　　http://www.molab.go.kr/english/Information/press_view.jsp?idx=2983　2009年 5 月 25 日。
李点順，2004,「韓国における労働市場の柔軟化と非正規女性労働」『経済論集』77: 63。
Lee, Sang M. & Sangjin Yoo, 1987, "The K-type Management: a driving force of Korean prosperity", *Management International Review*, 27(4): 68-77.
Lee, Sunhwa, 2001, "Women's Education, Work, and Marriage in South Korea", M. C. Brinton ed., 2001, *Women's Working Lives in East Asia*, Stanford Univ. Press, 204-32.
Lee, Sunhwa & M. C. Brinton, 1996, "Elite Education and Social Capital: the case of South Korea", *Sociology of Education*, 69: 77-92.
Lockwood, D., 1958, *The Blackcoated Worker: a study in class consciousness*, G. Allen & Unwin.
馬越恵美子，2009，「ダイバーシティ・マネジメントの実証研究――日韓企業の調査を中心に」清家篤・駒村康平・山田篤裕編著『労働経済学の新展開』慶應義塾大学出版会，185-204。
牧野暢男，1998,「社会変動下の韓国の女子大学」『人間研究』34: 57-68。
megastudy 入試情報室編，2005,『全国大学学科大事典』megapnp（韓国語）。
Meyer, J. W., 1970a, "The Charter: conditions of diffuse socialization in schools", W. R. Scott ed., *Social Processes and Social Structures: an introduction to sociology*,

Holt Rinehart and Winston, 564-84.
―――, 1970b, "High School Effects on College Intentions", *American Journal of Sociology*, 76(1): 59-70.
―――, 1977, "The Effects of Education as an Institution", *American Journal of Sociology*, 83(1): 55-77.
Mills, C. W., 1985, 杉政孝訳『ホワイト・カラー――中流階級の生活探求』東京創元社。
三橋弘次, 2006a, 「労働とジェンダー」江原由美子・山崎敬一編『ジェンダーと社会理論』有斐閣, 222-9。
―――, 2006b, 「性別職域分離――感情労働を鍵として」江原由美子・山崎敬一編『ジェンダーと社会理論』有斐閣, 234-8。
宮城県国際経済振興協会, 2004, 『韓国経済月報』115。
―――, 2007, 『韓国経済月報』143。
水谷啓子・油谷純子・森田園子, 1996, 「日韓秘書教育の比較Ⅰ」『日本国際秘書学会研究年報』3: 33-53。
文部科学省, 2010, 「学校基本調査(平成21年度)」。
森田園子, 1997, 「韓国の秘書教育とその有効性」『文化研究』11: 11-30。
―――, 1998a, 「韓国の企業組織と秘書」『文化研究』12: 61-81。
―――, 1998b, 「秘書教育について考える」『秘書学研究』6: 50-9。
―――, 2000a, 「英国の企業・組織における女性の地位と機会(Opportunity)――事務職を中心に」『ビジネス実務論集』18: 33-42。
―――, 2000b, 「事務職の拡大と女性(英国の場合)」『文化研究』14: 63-74。
―――, 2004, 「キャリア計画とワーク・ライフ・バランスの取り方――女子学生の就業意識調査から」『立命館産業社会論集』40(2): 135-54。
―――, 2007, 『変容期における女性職のゆくえ――韓国・梨花女子大学校秘書学科にみる二重規範』立命館大学社会学研究科2006年度博士論文。
―――, 2010, 「女性職域としての非正規労働――韓国の非正規労働をめぐって」『人間科学研究紀要』9: 275-88。
向山英彦, 2005, 「通貨危機後の韓国労働市場の変化」『アジア・マンスリー』2005年7月 http://www.jri.co.jp/asia/2005/07korea.html 2005年5月30日。
―――, 2007, 「韓国の『非正規職関連法』成立の意義と課題」『アジア・マンスリー』2007年3月 http://www.jri.co.jp/page.jsp?id=4833 2010年3月8日。
明泰淑, 2003, 「韓国における女性労働の現状――IMF経済危機以後を中心に」『労務理論学会誌』14: 71-87。
ナ・ユンギョン, 2006, 「秘書教育に関するフェミニズム視点と示唆点」『秘書学論叢』15(1): 107-28 (韓国語)。
内閣府男女共同参画局, 2009, 「男女共同参画社会の実現を目指して」内閣府男女

共同参画局。

仲川明希，2008，『一般職を選択する女子大生』大阪樟蔭女子大学 2007 年度卒業論文。

中井美樹，2009，「就業機会，職場権限へのアクセスとジェンダー――ライフコースパースペクティブによる職業キャリアの分析」（＜特集＞階層論の拡大する可能性）『社会学評論』59(4)：699-715。

中村高康・藤田武志・有田伸編著，2002，『学歴・選抜・学校の比較社会学――教育からみる日本と韓国』東洋館出版社。

中西祐子，1997，「『ジェンダーと教育』研究の動向と課題――教育社会学・ジェンダー・フェミニズム」『教育社会学研究』61：77-100。

――，1998，『ジェンダー・トラック――青年期女性の進路形成と教育組織の社会学』東洋館出版社。

中田奈月，1999，「性別職域分離とその統合――男性保育従事者の事例から」『奈良女子大学社会学論集』6：285-96。

西澤弘，2006，「職業紹介における職業分類のあり方を考える――『労働省編職業分類』の改訂に向けた論点整理」労働政策研究報告書，57。

ノ・ヨンホ，1994，「最高経営者の秘書に対する認識調査」『秘書学論叢』2：87-110（韓国語）。

OECD, 1998, *The Future of Female-dominated Occupations*, OECD.（＝ 2002，内海彰子訳『女性優位職業の将来――OECD 加盟国の現状』カネカリサーチアソシエイツ）

呉学殊，2009，「韓国労働政策の動向と非正規労働者」『社会政策』1(3)：49-65。

呉鍾錫，1983，『韓国企業の経営的特質』千倉書房。

オ・スボン他，2008，「『非正規職法』が労働市場に及ぼした影響と法改正方向に関する研究」国会立法調査処
http://www.yongkwan.com/sub7/sub1_view.asp?sgubun=7&b_idx=851&bt=data_room&npage=9&npage1=&s1=&s2　2010 年 3 月 13 日（韓国語）。

オ・ソンミン，1998，「秘書職務の認識再考のための業務カテゴリー化に関する研究」『秘書学論叢』7(2)：199-214（韓国語）。

Oh, Young-jin, 2009, 'Housewives are out in Force for Jobs' *What's In Press*
http://www.molab.go.kr/english/Information/press_view.jsp?idx=2981　2009年5 月 25 日

大槻奈巳，2005，「生涯学習と女性のエンパワーメント――日本・韓国・ノルウェー・アメリカの 4 カ国比較調査から」『国立女性教育会館研究紀要』9：7-17。

朴昌明，2004，『韓国の企業社会と労使関係――労使関係におけるデュアリズムの深化』ミネルヴァ書房。

朴恩正，2000，「アジア金融危機以降の韓国労働市場における女性労働について

──法的保護を中心に」『APC アジア太平洋研究』7: 26-35。

Pitts, M. M., 2002, "Why Choose Women's Work if it Pays Less? a structural model of occupational choice", *Federal Reserve Bank of Atlanta Working Paper 2002-30*.

梨花女子大学秘書学科, 2003,「秘書学科学生のキャリア・プランニング」『秘書学研究』23: 2-43 (韓国語)。

──, 2004,『梨花女子大学秘書学科卒業生社会活動現況』梨花女子大学秘書学科 (韓国語)。

労働部, 2008,『非正規職保護法に関する企業調査』労働部 (韓国語)。

──, 2010,『2009 年女性雇用動向分析』
http://epic.kdi.re.kr/epic_attach/2010/R1003106.hwp　2010 年 5 月 14 日 (韓国語)。

労働政策研究・研修機構, 2009,『データブック　国際労働比較』(2009 年版), 労働政策研究・研修機構。

──, 2010,「女性の就労促進──『2009 年女性雇用情勢分析報告』より」『JILPT 海外労働情報』2010 年 5 月
http://www.jil.go.jp/foreign/jihou/2010_5/korea_01.htm　2010 年 6 月 13 日。

Rubery, J. & C. Fagan, 1993, 'Occupational Segregation of Women and Men in the European Union', *Social Europe*, Supplement 3/93.

佐藤静香, 1997,「韓国における高学歴失業問題──『7.30 教育改革措置』と新規大卒労働市場」『研究年報経済学』59(3): 109-28。

瀬地山角, 1990,「韓国・台湾の主婦と女子労働──女性の社会進出の行方を占う」『アジア経済』31(12): 22-40。

──, 1996,『東アジアの家父長制──ジェンダーの比較社会学』勁草書房。

仙田幸子・大内章子, 2002,「女性正規従業員のキャリア形成の多様性──コース別雇用管理制度をてがかりとして」『組織科学』36(1): 95-107。

島本みどり, 1983,「秘書の実態Ⅱ──職能」『秘書学論集』1: 58-81。

島本みどり他, 1980,「秘書の実態」『秘書教育研究年報』5: 94-146。

──他, 1997a,「韓国の企業秘書」『実務教育研究年報』3: 31-54。

──他, 1998,「韓国の企業秘書──組織と秘書業務」『ビジネス実務論集』16: 21-31。

──他, 2001,「韓国企業の慶弔行動──秘書の慶弔行動の意味と役割」『ビジネス実務論集』19: 11-20。

──他, 2003,『韓国の働く女性たち』東方出版。

──他, 1997b,「日韓秘書教育修了者の比較研究──その仕事と秘書教育効果の検証」『ビジネス実務論集』15: 43-55。

首藤若菜, 2004,『統合される男女の職場』勁草書房。

――,2006,「女性労働政策の国際比較研究――性別職域分離の視点から」科学研究費 2006 年度若手研究（B）研究実績報告書。
総務省,2006,「国勢調査（平成 12 年版）」（細分類は『平成 12 年国勢調査（産業・職業細分類特別集計）』統計情報研究開発センター（CD-R 版）による。）
――,2010,「労働調査年報（平成 21 年）」。
Steedman, H., 1997, "Trends in Secretarial Occupations in Selected OECD Countries, 1980-95", *OECD Labour Market and Social Policy Occasional Papaers 24*, OECD Publishing.
数土直紀,2006,「ジェンダーと合理的選択」江原由美子・山崎敬一編『ジェンダーと社会理論』有斐閣,37-50。
大成学院・大成学力開発研究所,2006,『大成塾院　大学入試資料集』デジタル大成（韓国語）。
高安雄一,2007,「韓国の非正規労働問題とその解決法」『ERINA Discussion Paper』0705,環日本海経済研究所
　http://www.erina.or.jp/jp/Research/dp/pdf/0705.pdf　2009 年 9 月 1 日。
竹内洋,2004,「学校効果というトートロジー」竹内洋・徳岡秀雄編『教育現象の社会学』世界思想社,2-18。
統計庁,2008,「2008 年 8 月経済活動人口付加調査（勤労形態別,非賃金勤労）」（韓国語）。
――,2009,「2009 年 3 月勤労形態別付加調査結果」（韓国語）。
東洋経済日報社,1996,『韓国会社情報（1996 下期版）』,東洋経済日報社。
Truss, C. J. G., 1993, "The Secretarial Ghetto: myth or reality? a study of secretarial work in England, France and Germany", *Work, Employment and Society*, 7(4): 561-84.
脇田滋,2008,「韓国非正規職保護法――その概要と関連動向」『龍谷法學』40(4): 388-449。
――,2009,「韓国の現状と取組み・政策」『ねっとわーく京都』2009.3: 39-42。
和野内崇弘,1991,「秘書教育に未来はあるか」『日本秘書学会会報』15。
渡辺峻,2009,『ワーク・ライフ・バランスの経営学――社会化した自己実現人と社会化した人材マネジメント』中央経済社。
渡辺利夫編,1990,『概説韓国経済』有斐閣。
ウ・ヒョンジ,2001,「秘書職の職務ストレスに関する研究」大田大学大学院修士論文（韓国語）。
禹晢熏・朴権一,2009,金友子・金聖一・朴昌明訳『韓国ワーキングプア　88 万ウォン世代――絶望の時代に向けた希望の経済学』明石書店。
梁在振,2006,金成恒訳「韓国における新自由主義的改革と労働市場」武川正吾／イ・ヘギョン編『福祉レジームの日韓比較――社会保障・ジェンダー・労働市

場』東京大学出版会，207-27。
梁京姫，2004，「韓国における女性労働の活用とその現状」『人権問題研究』4: 27-46。
横田伸子，2002，「『後発工業国における女性労働と社会政策』第4回韓国」『アジア経済』43(11): 65-77。
────，2004a，「経済危機以降の韓国の雇用構造の変化と労使関係の新たな展開」『現代韓国朝鮮研究』4: 13-21。
────，2004b，「ジェンダー視点から見た韓国の非正規労働者化」『アジア女性研究』13: 94-7。
尹大栄，2005，「韓国企業の経営システム」王効平・尹大栄・米山茂美『日中韓企業の経営比較』税務経理協会，53-73。
ユン・ミスク，1998，「秘書の職位の有無と職務満足度との関係」『秘書学研究』18: 55-77（韓国語）。
吉原恵子，1995，「女子大学生における職業選択のメカニズム──女性内分化の要因としての女性性」『教育社会学研究』57: 107-24。
ユ・ヒョンゾン，2005，『金融界秘書の経歴管理に関する研究』梨花女子大学校大学院修士論文（韓国語）。
柳鐘一，2007，「新自由主義，グローバリゼーション，韓国経済」『創作と批評』137　http://jp.changbi.com/132　2009年12月12日。
ユ・ヨンスク／チェ・エギョン，1994，『秘書学概論』法文社（韓国語）。
ヨン・ジュヒョン他，1995，「専門秘書とは何か」『秘書学研究』15: 4-20（韓国語）。
柚木理子，2005，「ドイツ職業訓練教育に関する一考察──ジェンダーの再生産を阻止するために」『川村学園女子大学研究紀要』16(2): 107-21。
全国短期大学秘書教育協会，1993，『1992年全国短期大学秘書教育協会国際交流委員会韓国視察報告書』全国短期大学秘書教育協会。

【参考ウェブサイト】
　引用ごとに記すべきであるが，煩雑さを避けるため，以下の主要なものについては，まとめて記載することとし，本文中の引用箇所には，（朝鮮日報 2005年7月19日）のように示した。年月日は，新聞の場合は掲載日，その他はアクセスした日付である。配列は，日本語読みのアルファベット順によるものとする。

培花女子大学　http://baewha.ac.kr
文化日報　http://www.munhwa.com
朝鮮日報　http://japanese.chosun.com
中央日報　http://japanese.joins.com

大林大学　http://daelim.ac.kr
e-ナラ指標　http://www.index.go.kr
ハンギョレ新聞　http://hani.co.kr
保健福祉部　http://mohw.go.kr
韓国大学教育協議会　http://www.kcue.or.kr
韓国秘書学会　http://www.kass.or.kr
韓国女性開発院　2007年より韓国女性政策研究院　http://kwdi.re.kr
韓国女性政策研究院ジェンダー統計　http://gsis.kwdi.re.kr
韓国労働研究院　http://www.kli.re.kr
韓国専門大学教育協議会　http://www.kcce.or.kr
韓国専門秘書協会　http://www.kaap.org
国家統計ポータル　http://kosis.kr
国民日報クッキーニュース　http://www.kukinews.com
京郷新聞　http://www.khan.co.kr
教育統計サービス　http://cesi.kedi.re.kr
Labor Today　http://www.labortoday.co.kr
モーニング・コリア　http://www.worldtimes.co.jp/magmag/korea.html
聯合ニュース　http://www.yonhapnews.co.kr
梨花女子大学　http://www.ewha.ac.kr
梨花女子大学国際事務学科　http://home.ewha.ac.kr/~ioa/
労働部　http://www.molab.go.kr
　（2010年6月より雇用労働部　http://www.moel.go.kr/）
労働解放学生連帯　http://www.nohak.jinbo.net
社会進歩連帯　http://pssp.org
ソウル新聞　http://www.seoul.co.kr
統計庁　http://kosis.nso.go.kr
　（国家統計ポータルへ移行）
ウリ銀行　http://www.wooribank.co.kr

索　引

■ア 行

アカデミック・トラック　137
育児休職　11
一般職女性の就業意識　184
一般職選択の理由　185
男まさりの優等生　137

■カ 行

学歴の効用　20
学歴別女性経済活動参加率　20
かくれたカリキュラム　149
学校教育効果　136
韓国専門秘書協会　50
韓国的経営システム　67，70
キャリア転換　165
キャリア婦人養成系大学　140
教養系の大学　138
教養婦人養成系大学　138
結婚市場　22
賢母良妻イデオロギー　23
高学歴化　19
高等教育進学率　19
合理的選択　190
国際事務管理専門家協会　51
検定試験　61

■サ 行

産前産後の休暇　11
ジェンダー占有職　103
ジェンダー統合職　104
ジェンダー・トラック　137
ジェンダー分離　102
　　オフィス・ワークにおける――　117
しとやかな優等生　137
自発的選択　190
自発的・非自発的選択　179
事務職の女性化　115

社会化モデル　136
就業継続　162
就業選択　157
上位10位アプローチ　104
昇進経路　164
将来展望　111, 123
職業系の大学　138
女子学生のライフコースに関する意識　187
女性過少職　104
女性経済活動参加人口　3
女性集中職　104
女性職　101, 103
　　――の選択　176
女性ステレオタイプ　107
女性占有職　101
女性占有率　104
女性内分化　26
女性の集中度　104
女性・母親役割　125, 129
女性役割　106
新自由主義的政策　10
進路展望　138
垂直的分離　102
水平的分離　102
ステイタス　109, 120
政界との関係構築　88
性別職域分離　102
性別職業分離　102
性役割観　138
世界同時不況　10
セクシズムのメッセージ　149
積極的な選択　189
絶対的定義　103
専攻分野の選択　154
選好理論　191
専門性　91-5, 156
専門大学　45

217

専門秘書　38, 50, 52, 91, 156, 167
戦略的選択　191
相対的定義　103

■タ 行

大卒労働力の需給バランス　26
ダイバーシティ・マネジメント　16
大林大学　47
男女雇用平等及び仕事・家庭両立支援に関する法律　15
男女賃金格差　4
男性職　103
男性秘書　114
地位形成　21
地位表示　21
チャーター　135
チャーター理論　136
中断型　187
賃金　118
通貨危機　5
トップダウンの意思決定　88
トラッキング　137

■ナ 行

二重規範　149-50
年齢階級別経済活動参加率　4

■ハ 行

培花女子大学　48

配分モデル　136
働く女性の先進的モデル　149
母親業　127
母親の就業形態　189
母親の就業歴　189
晩婚化　4
秘書士　62
秘書室　88
秘書職内部の階層性　169
秘書の賃金　108
秘書部門　72, 84, 87-90
非正規職　27
　——の選択　179
非正規職女性の就業意識　182
非正規職保護法　28
平等原理のメッセージ　149
文脈変数　137
分離指数　116
分離職群制度　29
保育政策　14

■ラ 行

リカレント教育　169

■ワ 行

ワーク・ライフ・バランス　15

◆著者紹介◆

森田　園子（もりた・そのこ）

1950年　西宮市生まれ
1972年　神戸市外国語大学外国語学部英米学科卒業後，同大学図書館勤務
1988年　樟蔭女子短期大学英米語科専任講師，93年同助教授
1997年　関西学院大学大学院商学研究科博士課程前期課程修了
1998年　英国ウォリック大学客員研究員
2001年　大阪樟蔭女子大学人間科学部助教授，05年同教授
2007年　立命館大学大学院社会学研究科博士課程後期課程修了
現　在　大阪樟蔭女子大学学芸学部教授
　　　　博士（社会学　立命館大学）

主要著書
『国際人事管理の根本問題』（共著，八千代出版，2001年）
『韓国の働く女性たち』（共著，東方出版，2003年）
『変容期の企業と社会』（共著，八千代出版，2003年）

キャリア・パスの壁を破る
―韓国の働く女性をめぐって―

2011年2月20日　第1版1刷発行

著　者 ── 森　田　園　子
発行者 ── 大　野　俊　郎
印刷所 ── ㈱誠　信　社
製本所 ── 渡　邊　製　本　㈱
発行所 ── 八千代出版株式会社
　　　　〒101-0061　東京都千代田区三崎町2-2-13
　　　　TEL　03-3262-0420
　　　　FAX　03-3237-0723
　　　　振　替　00190-4-168060

＊定価はカバーに表示してあります。
＊落丁・乱丁本はお取替えいたします。

© 2011 Printed in Japan

ISBN 978-4-8429-1536-4